PARA O ESTUDO
DO PROCEDIMENTO DISCIPLINAR
NO DIREITO ADMINISTRATIVO
PORTUGUÊS VIGENTE:
AS RELAÇÕES COM O PROCESSO PENAL

LUÍS VASCONCELOS ABREU

ASSISTENTE DA FACULDADE DE DIREITO DE LISBOA

PARA O ESTUDO DO PROCEDIMENTO DISCIPLINAR NO DIREITO ADMINISTRATIVO PORTUGUÊS VIGENTE: AS RELAÇÕES COM O PROCESSO PENAL

DISSERTAÇÃO DE MESTRADO EM CIÊNCIAS JURÍDICO-POLÍTICAS APRESENTADA NA FACULDADE DE DIREITO DA UNIVERSIDADE CATÓLICA PORTUGUESA

LIVRARIA ALMEDINA
COIMBRA – 1993

Todos os exemplares são numerados

1466

A MEUS PAIS

NOTA PRÉVIA

O texto que se se segue corresponde à dissertação de Mestrado que defendi na Faculdade de Direito da Universidade Católica Portuguesa em Julho de 1993. Aproveito a sua publicação para retomar algumas questões:

1. Na problemática da imposição de deveres por regulamento administrativo, uma referência à recente Carta Deontológica do Serviço Público, aprovada pela Resolução do Conselho de Ministros n.º 18/93 (publicada no Diário da República, I Série - B, n.º 64, de 17 de Março de 1993), ainda que apenas para salientar a sua inconstitucionalidade formal, por não individualizar expressamente o respectivo fundamento legal, contrariando, assim, o preceituado pelo n.º 7 do art.º 115.º da Constituição.

2. Especial destaque merece o Ac. do STA - Trib. Pleno, de 9 de Julho de 1992 (caso do Dr. Francisco Lopo de Carvalho), AD, ano XXXII, n.º 377, p. 569 e ss.. Com efeito, o Supremo Tribunal Administrativo veio neste seu Acórdão afirmar expressamente que o caso em questão não pode ser visto como uma infracção continuada, entendida esta nos termos em que surge no direito criminal, com um determinado circunstancialismo externo a favorecer a continuação criminosa, ocasionando uma diminuição da culpa do agente. Para o STA ficou claro que houve uma só infracção disciplinar, baseando-se o acto administrativo proferido numa conduta constituída por acções espaçadas no

tempo, mas que só no seu conjunto revelam falta de idoneidade moral para o exercício de funções. Desta forma, o referido Tribunal, ainda que sem o reconhecer, acabou por fazer uso do princípio da unidade da infracção disciplinar.

3. Relativamente ao princípio da oportunidade, que corresponde à chamada discricionariedade de acção, isto é, liberdade de a Administração desencadear, ou não, uma determinada actuação, importa afirmar como o mesmo acaba também por se manifestar no plano do conteúdo da decisão disciplinar, através do *argumentum a majore ad minus,* ao qual há que recorrer, sob pena de, não o fazendo, se aplicar contra a sua própria razão de ser, ou seja, em desfavor do agente administrativo visado, os normativos legais que limitam a aplicação de determinadas medidas disciplinares à prática de certos factos, assegurando a proporcionalidade entre a infracção e a correspondente sanção. Sem que com isto, acrescente-se, se pretenda afirmar que o conteúdo da decisão disciplinar é discricionário, uma vez que, quer no plano da previsão quer no da estatuição normativas, o legislador não deu liberdade à Administração para escolher a solução adequada ao caso concerto, antes a vinculou ao respeito dos parâmetros legalmente estabelecidos, sobretudo através do emprego de conceitos jurídicos indeterminados, muitos dos quais, é certo, encerrando margem de apreciação pela Administração pública.

Ainda em sede de princípio da oportunidade, aproveito para explicitar como o mesmo não é incompatível com a existência de prescrição, não vislumbrando, por isso, fundamento para que a introdução desta última tenha tido por contrapartida necessária a consagração do princípio da legalidade. Porque no domínio disciplinar a Administração pública tem sempre que fazer valer os interesses de que é portadora, os quais podem justicar que uma determinada falta fique impune, perde sentido qualquer obrigatoriedade formal de um superior hierárquico instaurar procedimento disciplinar contra um seu subordinado para de imediato mandar arquivar esse mesmo procedimento.

4. No que diz respeito à relevância disciplinar da sentença criminal transitada em julgado que declarou existentes certos factos ou que os mesmos foram praticados por determinados agentes, aproveito para abandonar a solução perfilhada no texto, no sentido de uma certidão de sentença criminal, como documento autêntico, fazer prova plena dos factos que nela são atestados com base nas percepções do julgador, uma vez que tal abarca apenas, posta de lado uma interpretação exclusivamente literal, os factos que foram alvo da percepção directa do juiz, o que não será o caso.

Está-se aqui perante a difícil questão dos limites objectivos do caso julgado, a ser hoje resolvida, por força do disposto pelo art.º 4.º do Código de Processo Penal, à luz do art.º 673.º do Código de Processo Civil, na fixação de cujo sentido importa recorrer ao n.º 2 do art.º 96.º do mesmo Código, sem que fique precludida a possibilidade de, no futuro, um estudo aprofundado do caso julgado penal levar à conclusão de que para um processo que tem por objecto um determinado facto analisado na sua relevância jurídico-criminal, e no qual se encontra presente o princípio do inquisitório, é mais adequada uma concepção ampla dos limites objectivos do caso julgado, e não a concepção restrita característica do processo civil, onde se discute a pretensão do autor, decidindo o juiz segundo os factos alegados e provados pelas partes (princípio dispositivo).

5. Uma breve nota sobre a relevância disciplinar das causas de exclusão da ilicitude criminal verificadas por sentença transitada em julgado. Na certeza de que se trata de um problema que só poderá ser analisado com o devido rigor num trabalho de outra índole, resta afirmar que apenas relativamente à causa de exclusão da ilicitude criminal que consiste no cumprimento de

um dever se pode à partida afirmar o seu efeito automático ou necessário no domínio disciplinar, após ter sido decretada por sentença transitada em julgado, visto que uma mesma conduta não pode ser nunca simultaneamente imposta como um dever jurídico e proibida. Relativamente às restantes causas de exclusão da ilicitude criminal, haverá que demonstrar a sua aplicabilidade em concreto no plano disciplinar. Continuo a inclinar-me para o reconhecimento da admissiblidade de duas noções diversas de legítima defesa, uma válida no domínio disciplinar — será de reconhecer aos agentes administrativos a legítima defesa provocada como causa de justificação disciplinar? —, e outra no criminal, independentemente de assim poder vir a ser posta em causa a conhecida afirmação que nega o direito de legítima defesa contra legítima defesa.

6. Por último, refira-se que relativamente ao sentido e alcance, para o Tribunal Constitucional, do n.º 4 do art.º 30.º da Constituição, importa ter presente o Ac. do TC n.º 249/92, de 1 de Julho de 1992 (processo n.º 290/91), DR, II Série, nº 248, de 27.10.1992, p. 10.082 e ss..

LISTA DE ABREVIATURAS

PUBLICAÇÕES

AD	—	Acórdãos Doutrinais do Supremo Tribunal Administrativo
AöR	—	Archiv des öffentlichen Rechts
BFDUC	—	Boletim da Faculdade de Direito da Universidade de Coimbra
BMJ	—	Boletim do Ministério da Justiça
CTF	—	Ciência e Técnica Fiscal
DA	—	Direito Administrativo (Revista de actualidade e crítica)
DJAP	—	Dicionário Jurídico da Administração Pública
DÖV	—	Die Öffentliche Verwaltung
DR	—	Diário da República
JA	—	Juristische Arbeitsblätter
JuS	—	Juristische Schulung
JZ	—	Juristenzeitung
NJW	—	Neue Juristische Wochenschrift
RAP	—	Revista de Administración Publica
RDE	—	Revista de Direito e Economia
RDES	—	Revista de Direito e de Estudos Sociais
RDP	—	Revue du droit public et de la science politique
RDP(P)	—	Revista de Direito Público
RFDUL	—	Revista da Faculdade de Direito da Universidade de Lisboa
RLJ	—	Revista de Legislação e de Jurisprudência
RMP	—	Revista do Ministério Público
ROA	—	Revista da Ordem dos Advogados
RPCC	—	Revista Portuguesa de Ciência Criminal
VerwArch	—	Verwaltungsarchiv
VVDStRL	—	Veröffentlichungen der Vereinigung der Deutschen Staatsrechtslehrer
ZBR	—	Zeitschrift für Beamtenrecht

DIPLOMAS LEGAIS

BBG	— Bundesbeamtengesetz
BDO	— Bundesdisziplinarordnung
BGB	— Bürgerliches Gesetzbuch
CA	— Código Administrativo
CC	— Código Civil
CEDH	— Convenção Europeia dos Direitos do Homem
CRP	— Constituição da República Portuguesa
CP	— Código Penal
CPA	— Código do Procedimento Administrativo
CPP	— Código do Processo Penal
ED	— Estatuto Disciplinar dos Funcionários e Agentes da Administração Central, Regional e Local (aprovado pelo DL 24/84, de 16 de Janeiro)
ED 1943	— Estatuto Disciplinar dos Funcionários Civis do Estado (aprovado pelo DL 32.659, de 9 de Fevereiro de 1943)
ED 1979	— Estatuto Disciplinar dos Funcionários e Agentes da Administração Central, Regional e Local (aprovado pelo DL 191-D/79, de 25 de Junho)
EOA	— Estatuto da Ordem dos Advogados
LCT	— Lei do Contrato Individual de Trabalho
LCCT	— Lei da Cessação do Contrato de Trabalho
LF	— Lei Fundamental de Bona
LOSTA	— Lei Orgânica do Supremo Tribunal Administrativo
LPTA	— Lei de Processo nos Tribunais Administrativos
VwVfG	— Verwaltungsverfahrengesetz

OUTRAS ABREVIATURAS

Ac.	— Acórdão
DL	— Decreto-lei
PGR	— Procuradoria-Geral da República
STA	— Supremo Tribunal Administrativo
STJ	— Supremo Tribunal de Justiça
TC	— Tribunal Constitucional

APRESENTAÇÃO E PLANO DO TRABALHO

O *Estado social* é necessariamente *Estado prestador* e, por isso, *Estado fiscal.* Em boa medida, vivemos das prestações, da capacidade funcional e do respeito pela legalidade por parte da Administração pública ([1]). É já um lugar-comum afirmar-se que a Administração, nos dias de hoje, constitui uma verdadeira *empresa* de prestações à comunidade ([2]). Esta intensificação das despesas efectuadas pela Administração em benefício dos particulares constitui, juntamente com o crescimento das despesas individuais, um dos traços característicos da chamada *sociedade de consumo* ([3]).

Ora as organizações actuam através dos indivíduos que as compõem. A Administração pública não é excepção ([4]). O bom desempenho da actividade administrativa está, por conseguinte, muito dependente da actuação dos agentes administrativos, os quais, num Estado de direito, se encontram exclusivamente ao serviço do interesse público (art. 269.º, n.º 1 CRP, art. 3.º, n.º 2 ED, e art. 4.º do DL 184/89, de 2 de Junho, que estabeleceu os princípios gerais em matéria de emprego público, remunerações e gestão de pessoal da função pública).

([1]) Peter BADURA, *Grenzen und Alternativen des gerichtlichen Rechtsschutzes in Verwaltungsstreitsachen,* JA, 16.º ano, 1984, caderno 2, 83 e ss., 84.

([2]) A expressão é de António BARBOSA DE MELO, *Curso de Ciência da Administração (1985/86), (Sumários e notas),* Universidade Católica Portuguesa/Curso de Direito do Porto, 1986, ed. policopiada, 25.

([3]) Cfr. Jean BAUDRILLARD, *A sociedade de consumo,* trad. portuguesa, Lisboa, 1991, 27 e ss..

([4]) Cfr. Hans WOLFF/Otto BACHOF/Rolf STOBER, *Verwaltungsrecht,* II, 5.ª ed., Munique, 1987, 455.

É certo que, para além das habituais críticas do cidadão comum à máquina burocrática (⁵), há quem, aproveitando-se da ligação temporal entre o aparecimento do Estado moderno (Absolutismo) e o desenvolvimento de uma Administração profissionalizada (⁶), venha insistindo na afirmação de que o funcionalismo público não passa de uma anacrónica relação de dependência, própria das monarquias do passado, que, como tal, se impõe suprimir. Trata-se de uma tendência facilmente explicável à luz do individualismo reinante na sociedade actual (⁷). Esta última questiona continuamente o Estado, pela sua pequenez em certos aspectos e pela sua grandeza noutros, mas, como ensina GIANNINI, não saberia viver sem ele (⁸).

(⁵) Algo paradoxalmente em relação àquilo que é a opinião comum sobre os funcionários públicos, as empresas continuam a disputá-los. Cfr. Alejandro NIETO, *La organización del desgobierno*, 4.ª ed., Barcelona, 1988, 103. Como refere este Autor, o advento das leis laborais que estabeleceram severas restrições ao despedimento fez com que os funcionários públicos perdessem o monopólio da estabilidade no emprego, seu tradicional privilégio. Mas a cada vez mais aguerrida competição ao nível da economia, a que se assiste na actualidade, leva ao encerramento de muitas empresas, fazendo de novo inverter a situação (ob. cit., 103/104).

(⁶) Cfr. Otto KIMMINICH, *Die Bedeutung des Beamtentums für die Herausbildung des modernen Staates*, in *Das Berufsbeamtentum im demokratischen Staat (Org. Walter Leisner)*, Berlim, 1975, 47 e ss.. Por outro lado, a revisão crítica da afirmação segundo a qual o fenómeno disciplinar seria um fenómeno moderno foi feita por NIETO, *Problemas capitales del derecho disciplinario*, RAP, n.º 63, Setembro-Dezembro de 1970, 39 e ss., esp. 44 e ss..

(⁷) Em perda de *Staatsbewüsstsein* nos fala Peter CZAPSKI, *Der Beamte als Staatsdiener und Staatsbürger – ein Beitrag zur Verteidigung des Berufsbeamtentums, in Zum öffentlichen Dienst-und Disziplinarrecht/Festgabe für Hans Rudolf Claussen*, Colónia/Berlim/Bona/Munique, 1988, 11 e ss., 11.

(⁸) Cfr. Massimo Severo GIANNINI, *Premisas sociológicas e históricas del derecho administrativo*, trad. espanhola, 2.ª ed., Alcala de Henares – Madrid, 1987, 84. Do mesmo Autor, desmitificando a proclamada *crise do Estado*, com a qual acaba apenas por se querer referir a existência de sectores do Estado contemporâneo que funcionam mal, bem como devolvendo à sociedade civil muitas das críticas que a mesma faz ao Estado, *La denominada*

Importa também não deixar que a realidade do nosso país impeça a discussão em torno do papel da função pública na actualidade. A este propósito, será excessivamente simplista reduzir toda a problemática à questão de saber se as funções que tradicionalmente estão confiadas aos funcionários públicos podem, ou não, ser realizadas ao abrigo de contrato individual de trabalho. É óbvio que sim. Mas o que interessa é verificar se existem diferenças entre essas duas soluções e qual delas se revela mais adequada para garantir o contínuo desempenho da actividade administrativa (⁹). O próprio direito administrativo é um direito estatutário (¹⁰), sem vocação globalizante, possuindo o regime

---

crisis del Estado, artigo publicado na Revista de la Facultad de derecho/ Universidad Complutense, Curso 1987-1988, Madrid, 1988, 9 e ss...

(⁹) Bastante elucidativo quanto ao carácter específico da actividade da função pública é o disposto pelo n.º 4 do art. 58.º do Tratado de Roma, nos termos do qual o normativo referente à livre circulação de trabalhadores na Europa comunitária não é aplicável aos *empregos na Administração Pública.* Dando conta das dificuldades suscitadas pela interpretação do preceito em causa, que não deve ser meramente formal, desatendendo às funções efectivamente exercidas, Albert BLECKMANN, *Europarecht,* 5.ª ed., Colónia/Berlim/ /Bona/Munique, 1990, 451/452. Para Nuno de Sousa, o art. 269.º CRP impõe um regime específico para a função pública, não coincidente com o comum regime laboral. Cfr. Nuno de SOUSA, *A função pública portuguesa. O conceito e as tarefas,* Coimbra, 1990, dissertação policopiada, 419 e ss..

(¹⁰) Encontra-se entre nós bastante divulgada a concepção do direito administrativo como um direito estatutário, designadamente segundo a lição de Eduardo GARCIA DE ENTERRIA/Tomás-Ramón FERNANDEZ, *Curso de Derecho administrativo,* I, 5.ª ed., Madrid, 1989, 36 e ss.. A respectiva revisão crítica foi feita por Diogo FREITAS DO AMARAL, *Direito administrativo,* DJAP, IV, Lisboa, 1991, 17 e ss.. Assim, podem hoje distinguir-se com segurança duas vertentes no direito administrativo: uma primeira, de carácter subjectivo, enquanto direito estatutário, isto é, conjunto de normas e princípios jurídicos privativos da Administração pública, subtraindo-a à incidência do direito privado; e uma segunda, de natureza objectiva, como direito dos vários modos de exercício do poder administrativo, os quais podem ser praticados por sujeitos de direito privado, que não integram a Administração (pense-se no conhecido exemplo dos actos administrativos praticados por empresas concessionárias).

jurídico da Administração uma estrutura dualista ([11]), desde logo quanto àqueles que nela trabalham. Acima de tudo, impõe-se que o cidadão conheça os motivos pelos quais determinadas actividades estaduais são entregues aos agentes administrativos ([12]).

Mais do que discutir a reforma da Administração pública, urge fazê-la funcionar. O direito disciplinar da função pública visa precisamente assegurar a capacidade funcional da Administração – sem disciplina não há produtividade –, condição da perfeita realização do interesse público. A responsabilidade disciplinar pode e deve ser completada por outras formas de responsabilidade, designadamente a civil e a penal. Só que, por exemplo, em Itália, país no qual o legislador já consagrou a responsabilidade civil dos juízes, continua-se a afirmar que a confiança da sociedade na magistratura (na respectiva honestidade e competência) não se assegura tanto pela via da responsabilidade patrimonial, como sobretudo pelos mecanismos disciplinares ([13]). Isto é: o direito disciplinar não se encontra ultrapassado, não é uma instituição anacrónica. Prova da respectiva vitalidade é a sua existência em diversos sectores do ordenamento jurídico ([14]).

Estas duas vertentes são complementares. Por isso, o direito administrativo é não só o direito comum da Administração pública, como o direito comum do exercício da função administrativa.

([11]) Cfr. José Manuel SÉRVULO CORREIA, *Legalidade e autonomia contratual nos contratos administrativos,* Coimbra, 1987, 394.

([12]) Veja-se o recente trabalho de Walter LEISNER, *Legitimation des Berufsbeamtentums aus der Aufgabenerfüllung,* Bona, 1988; igualmente com interesse, Rupert SCHOLZ, *Öffentlicher Dienst zwischen öffentlicher Amtsverfassung und privater Arbeitsverfassung? Verwaltungsstrukturelle Grenzen der Dienstrechtsreform,* bem como Reinhold ZIPPELIUS, *Die Rolle der Bürokratie im pluralistischen Staat,* ambos in *Das Berufsbeamtentum...,* cit., respectivamente 179 e ss. e 217 e ss..

([13]) Cfr. Luigi SCOTTI, *La responsabilità civile dei magistrati,* Milão, 1989, 24.

([14]) Cfr. Franz MAYER, *Verfassungsrechtliche Grenzen einer Reform des öffentlichen Dienstrechts (Rechtsgutachten), in Verfassungsrechtlichen Grenzen einer Reform des öffentlichen Dienstrechts/Studienkommission für die*

O presente trabalho versa sobre o direito disciplinar da função pública, o qual, devido à sua maior elaboração, patente desde logo no facto de o ED, ao invés da correspondente legislação laboral, fornecer uma noção de infracção disciplinar (art. 3.°, n.° 1 ED), e revelando-se sobretudo no plano do procedimento disciplinar, onde as leis de trabalho praticamente se limitam a acautelar a hipótese de despedimento (art. 10.° LCCT), funciona como direito subsidiário, quer ao nível do direito público, quer – cumpre realçá--lo – relativamente ao direito privado ([15]).

Reform des öffentlichen Dienstrechts, tomo 5, Baden-Baden, 1973, 557 e ss., 682.

([15]) No sentido da subsidiariedade do direito disciplinar da função pública em relação ao próprio direito privado, Ac. do STJ, de 29 de Novembro de 1989 (caso de António Silva), AD, ano XXIX, n.° 340, 547 e ss., que aplicou por analogia ao procedimento disciplinar laboral o normativo constante do n.° 4 do art. 4.° ED; na doutrina, António MENEZES CORDEIRO, *Manual de direito do trabalho,* Coimbra, 1991, 750 nota (22) e SOUSA, ob. cit., 451. Contra, Bernardo da Gama LOBO XAVIER, *Deficiência da nota de culpa e direito de defesa em processo disciplinar laboral/Anotação do Ac. do STJ, de 14 de Novembro de 1986,* RDES, ano XXIX, (II da 2.ª Série), n.° 3, Julho-Setembro de 1987, 373 e ss., esp. 377 e ss., 387 a 391, bem como Messias CARVALHO/Vítor NUNES DE ALMEIDA, *Direito do trabalho e nulidade do despedimento,* Coimbra, 1984, 200. Mas não só a matriz é, de facto, comum, como a aproximação entre o regime ao abrigo do qual os agentes administrativos desenvolvem a sua actividade e o regime do contrato individual de trabalho pode ser muito maior em Portugal do que, por exemplo, na Alemanha, devido à ausência, no nosso texto constitucional, de uma norma como a constante do n.° 5 do art. 33.° da LF, segundo a qual o regime da função pública será estabelecido de acordo com os *princípios tradicionais do funcionalismo de carreira.* Neste sentido, Jorge LEITE, *Direito do trabalho e da segurança social,* Coimbra, 1982 (com actualizações), ed. policopiada, 128. É também usual o recurso à figura do desvio de poder, oriunda do direito administrativo, em sede de controlo pelos tribunais comuns da aplicação de medidas disciplinares. Cfr. Pedro de Sousa MACEDO, *Poder disciplinar patronal,* Coimbra, 1990, 22 e ss., e Maria do Rosário Palma RAMALHO, *Do fundamento do poder disciplinar laboral,* I, Lisboa, 1990, dissertação policopiada, 69. Caso curioso de prevalência do regime disciplinar administrativo sobre o laboral é o consagrado relativamente

O esquema adoptado é o seguinte. Numa primeira parte, procura-se traçar a autonomia do direito disciplinar (material e processual), fazendo-o através da caracterização da infracção disciplinar, da definição dessa especial forma de ilicitude que o ilícito disciplinar representa, duma referência aos fins das medidas disciplinares e pela afirmação dos princípios próprios deste domínio jurídico. Em seguida, são estudadas as relações — à luz do direito português vigente — entre o procedimento disciplinar e o processo penal, de forma a estabelecer *se* e *de que modo* este último influencia o primeiro, principalmente no caso particular de ambos versarem sobre o mesmo facto. A terminar, elaboram-se dogmaticamente os dados do direito positivo.

Objecto de estudo é, pois, um problema concreto, de largo alcance prático. Vai-se avançando progressivamente na matéria, sendo postos à prova na segunda parte do trabalho os elementos adquiridos na primeira, ou seja, a autonomia do direito disciplinar. Por outro lado, tenta-se compreender este ramo *por dentro,* na sua especificidade, e não sob os quadros de qualquer outro domínio do jurídico, mormente o penal, sem que por isso se deixe de recorrer à comparação, quando ela se revelar adequada ao correcto esclarecimento dos institutos do direito disciplinar.

É hoje pacífico que o direito administrativo só ganhou autonomia a partir de meados do séc. XVIII, evolução que se explica em função de factores institucionais (dissolução da organização corporativa da sociedade, acompanhada pelo assumir de um número cada vez maior de tarefas pela Coroa), ideológicos (o fortalecimento da ideia de que o Poder desempenha uma actividade capaz de gerar a felicidade individual e colectiva), e, acima de tudo, científico-dogmáticos (essa nova actividade do poder do monarca gozava do privilégio de executoriedade independentemente de decisão judicial — o chamado *privilégio da execução prévia*), visto que o surgir de um domínio científico ou dogmático não decorre do

---

aos empregados das concessionárias que prestam serviços nas salas de jogos de fortuna ou azar pelo DL 422/89, de 2 de Dezembro (v. o respectivo art. 138.º).

aparecimento de novas categorias de objectos carecidos de elaboração, mas antes de alterações no quadro dogmático de apreensão da realidade, alterações essas que depois levam a uma diferente arrumação teórica dessa mesma realidade ([16]).

Devido à sua juventude, o direito administrativo não alcança a precisão conceptual do direito privado ([17]), o que faz com que o conceptualismo lhe seja pouco adequado. Não há aqui justificação para se multiplicarem distinções e classificações desprovidas de qualquer alcance prático.

Por outro lado, o direito disciplinar da função pública alemã apresenta hoje um invejável apuramento científico-dogmático, patente nos planos da legislação, da doutrina e da jurisprudência, fruto do movimento de reacção aos excessos cometidos durante o regime nacional socialista, no qual o direito disciplinar foi transformado num verdadeiro *direito da tirania* ([18]). Fica, assim, explicada a predominante inspiração germânica do presente trabalho ([19]).

([16]) Cfr. António M. HESPANHA, *Représentation dogmatique et projets de pouvoir. Les outils conceptuels des juristes du ius commune dans le domaine de l'administration, in Wissenschaft und Recht der Verwaltung seit dem Ancien Régime* (Org. *Erk Volkmar Heyen), Frankfurt,* 1984, 3 e ss., 3/4; na edição portuguesa, *Representação dogmática e projectos de poder. Para uma arqueologia da teoria do Direito Administrativo, in Estudos em homenagem ao Prof. Doutor A. Ferrer-Correia/Número especial do BFDUC,* III, Coimbra, 1991, 103 e ss., 103/105.

([17]) O próprio Otto Mayer considerava o direito civil como o *modelo* de todas as disciplinas jurídicas. Cfr. Erk Volkmar HEYEN, *Otto Mayer: Studien zu den geistigen Grundlagen seiner Verwaltungsrechtswissenschaft,* Berlim, 1981, 194.

([18]) A expressão é de FAUSTO DE QUADROS, *Os Conselhos de disciplina na Administração consultiva portuguesa,* Lisboa, 1974, 32/33. Sobre o tema, entre outros, Klaus ROTH, *Die Beamten im Staate Hitlers, in Zum öffentlichen Dienst-und Disziplinarrecht/Festgabe für Hans Rudolf Claussen,* cit., 25 e ss.. Sobre a época, Bernd RÜTHERS, *Die unbegrenzte Auslegung (Zum Wandel der Privatrechtsordnung im Nationalsozialismus),* 4.ª ed., Heidelberg, 1991. Com a queda do regime nacional-socialista, assistiu-se ao fenómeno inverso: depuração política, *desnazificação* do funcionalismo público. Cfr. WOLFF/ BACHOF/STOBER, ob. cit., 467.

Uma palavra, antes de terminar esta breve introdução, relativamente à recente evolução deste ramo do direito no nosso país. Chamando a si estas matérias, a Constituição de 1976 estabeleceu as respectivas traves-mestras, constitucionalizando, por exemplo, as garantias de audiência e defesa em procedimento disciplinar (n.º 3 do art. 270.º CRP na redacção de 1976, ao qual corresponde hoje o n.º 3 do art. 269.º CRP), e prescrevendo que o dever de obediência cessa sempre que o cumprimento das ordens ou instruções implique a prática de qualquer crime (art. 271.º, n.º 3 CRP).

Daí uma primeira reforma legislativa em 1979, visando precisamente adaptar o direito disciplinar então vigente à Constituição de 1976, numa perspectiva de reforço das garantias e direitos atinentes à defesa do agente administrativo que é alvo de um procedimento disciplinar (cfr. Preâmbulo e, por exemplo, art.ºs 59.º e 60.º do ED 1979), como que adoptando o processo penal por modelo([20]). Mais recentemente, em 1984, foi publicado um novo Estatuto Disciplinar, visando a moralização da Administração pública e o combate à corrupção, designadamente prevendo novas formas de conduta ilícita e agravando, em geral, as sanções (cfr. Preâmbulo do ED). Já no plano doutrinário, a produção nacional tem sido escassa, com inevitáveis consequências ao nível da evolução da própria jurisprudência. O reduzido interesse que a doutrina vem manifestando por esta matéria não será certamente alheio ao facto de a mesma se encontrar hoje ausente do ensino do direito nas nossas Faculdades.

([19]) «Ou universalidade do modo germânico de pensar o direito que seduz e se impõe mesmo nos países de tradição cultural menos racionalista?» A pergunta é de Maria Fernanda PALMA, *A ciência do direito penal na Alemanha e em Portugal. Um encontro na universalidade, in O direito no contexto das relações luso-alemãs,* ed. policopiada da Associação luso-alemã para a ciência e cultura, que reúne a quase totalidade das comunicações apresentadas no Colóquio sobre o tema que teve lugar em 16 de Dezembro de 1991 na Faculdade de Direito de Lisboa, 29 e ss., 36. Para uma boa introdução ao direito da função pública alemã, Maria Jesus MONTORO CHINER, *La función pública en el federalismo alemán,* Alcala de Henares-Madrid, 1987.

([20]) Cfr. FREITAS DO AMARAL, *Conceito e natureza do recurso hierárquico,* I, Coimbra, 1981, 303.

1.ª PARTE

DIREITO DISCIPLINAR:
OS CRITÉRIOS DA AUTONOMIA

CAPÍTULO I

TRAÇOS GERAIS
DA RESPONSABILIDADE DISCIPLINAR

1. A INFRACÇÃO DISCIPLINAR

A *infracção disciplinar* consiste na violação culposa por um agente administrativo dos deveres a cujo cumprimento se encontra adstrito (art. 3.º, n.º 1 ED). Os respectivos elementos essenciais são, assim, *o sujeito* (necessariamente um agente administrativo), *o facto* (a violação de deveres), e o *nexo de imputação do facto ao agente,* assentando sobre o *princípio da culpabilidade* [21], sendo em regra suficiente a simples negligência.

O bem jurídico tutelado, ou seja, a capacidade funcional da Administração, não se incorpora num objecto material, logo pode ser ofendido independentemente da produção de qualquer resulta-

---

[21] Na nossa jurisprudência, por exemplo, Ac. do STA - 1.ª Secção, de 24 de Outubro de 1989 (caso de Eduardo dos Santos), AD, ano XXXI, n.º 363, 313 e ss.. No entanto, o STA afirmou num Acórdão recente a responsabilidade disciplinar de uma pessoa colectiva, no caso uma empresa concessionária da exploração de jogos de fortuna ou azar, com base numa presunção de culpa, por incumprimento do dever de vigilância que essa empresa se encontrava obrigada a exercer sobre o acatamento dos respectivos deveres por parte dos seus agentes e empregados, conciliando o princípio da culpa com a responsabilidade disciplinar de uma pessoa colectiva, sem sequer discutir tal questão. Cfr. Ac. do STA - Trib. Pleno, de 15 de Fevereiro de 1990 (caso da Estoril-Sol, SARL), AD, ano XXIX, n.º 346, 1241 e ss..

do danoso externo. É a *violação de deveres* que dá forma à infracção disciplinar. O evento jurídico da mesma – o referido dano para a capacidade funcional da Administração – está longe de se realizar necessariamente através de um resultado prejudicial de carácter externo provocado pela conduta do agente administrativo (evento material).

Consistindo na violação de um ou mais deveres a cujo cumprimento o agente administrativo, pelo facto de o ser, se encontra vinculado, a infracção disciplinar é uma infracção *formal* [22]. Daí que seja irrelevante o facto de ter sido perpetrada por acção ou por omissão [23].

Pelas mesmas razões, o critério de definição da autoria é o da titularidade do dever jurídico infringido [24]. Autor da infracção disciplinar é sempre e só um único agente administrativo – *conceito unitário de autor* [25]. Deste modo, não assumem aqui relevância

---

[22] Cfr., entre nós, no direito administrativo, Marcello CAETANO, *Manual de direito administrativo*, II, 10.ª ed. (revista e actualizada por Diogo Freitas do Amaral), 3.ª reimpressão, Coimbra, 1990, 808, e Manuel LEAL-HENRIQUES, *Procedimento disciplinar*, 2.ª ed., Lisboa, 1989, 30; para o direito laboral, MACEDO, ob. cit., 32.

[23] À semelhança do que sucede nos crimes de violação de dever. Cfr., seguindo ROXIN, Teresa Pizarro BELEZA, *Direito penal*, II, 119 e ss. Da mesma A., v. também a citação na nota (26).

[24] Cfr. BELEZA, ob. cit., 121. Uma referência a esta problemática encontra-se em Claus ROXIN, *Strafrecht*, I, Munique, 1992, 211/212.

[25] Recorde-se, a propósito, que só a nomeação atribui a qualidade de funcionário público, conferindo o contrato administrativo de provimento ao particular outorgante a qualidade de agente administrativo (respectivamente, arts. 4.º, n.º 5 e 14.º, n.º 2 do DL 427/89, de 7 de Dezembro/Regime de constituição, modificação e extinção da relação jurídica de emprego na Administração pública). Como é sabido, todos os funcionários são agentes administrativos, mas nem todos os agentes são funcionários. Mais amplo é o conceito de funcionário para efeitos do direito penal. Este ramo considera funcionário todo aquele que exerça uma actividade compreendida na função pública (art. 437.º CP). O que releva é o lado externo, o facto de alguém desempenhar o cargo, criando no público a convicção de que se trata de um agente administrativo. Cfr. Ulrich STOCK, *Entwicklung und Wesen der Amtsverbrechen,* reprodução

autónoma as figuras penalísticas da tentativa, cumplicidade, instigação e co-autoria ([26]). Se algum agente administrativo influencia outro para a prática de uma infracção disciplinar, cada um praticará,

---

fotomecânica da edição original de 1932, Leipzig, 1970, 259/263. O conceito de funcionário do art. 437.º do CP foi entretanto alargado por força do disposto no art.º 4, n.º 2 do DL 371/83, de 6 de Outubro. Refira-se também que para efeitos de aplicação da lei penal, a qualidade de funcionário pode ser comunicada, nos termos do n.º 1 do art.º 28 do CP (Ilicitude na comparticipação). Assim, seguindo um exemplo dado por Teresa BELEZA, se A, não funcionário, coagir B, funcionário, ameaçando-o de morte, a uma promoção dolosa (art. 413.º CP) de procedimento sancionatório contra alguém que sabe inocente, embora B pratique o facto descrito no art. 413.º CP, age em estado de necessidade desculpante (art. 35.º CP). Por isso, A é o verdadeiro detentor do domínio do facto, logo autor e não simples instigador, sendo-lhe a qualidade de funcionário, que no art. 413.º CP delimita o círculo da autoria desse crime, comunicada de B, por força do preceituado pelo art. 28.º, n.º 1 CP. Cfr. BELEZA, *Ilicitamente comparticipando: o âmbito de aplicação do art.º 28.º do Código penal, in Estudos em homenagem ao Prof. Doutor Eduardo Correia / Número especial do BFDUC,* III, Coimbra, 1984, 589 e ss., 626.

([26]) Cfr. Hans-Rudolf CLAUSSEN/Werner JANZEN, *Bundesdisziplinarordnung: Handkommentar unter Berücksichtigung des materiellen Disziplinarrechts,* 6.ª ed., Colónia/Berlim/Bona/Munique, 1990, 21, STOCK, ob. cit., 225/226, e Alfons WENZEL, *Der Tatbestand des Dienstvergehens,* 2.ª ed., Herford, 1977, 12. Entre nós, Vítor António Duarte FAVEIRO, *A infracção disciplinar,* Lisboa, 1962, 51. Escrevendo sobre os crimes de violação de dever, Teresa BELEZA afirma que os mesmos se encontram, em regra, redigidos de uma forma ampla, de modo que a previsão típica equipara à acção ilícita formas de omissão e comportamentos permissivos que materialmente seriam actos de cumplicidade. Por isso, um *intraneus* dificilmente surgirá como um mero participante (instigador ou cúmplice). No exemplo fornecido pela A., o funcionário que ilegitimamente usa um computador do Ministério onde trabalha preencherá, como autor, o tipo do art. 425.º, n.º 1 do CP (Peculato de uso). Mas o mesmo sucederá se esse funcionário permitir a um amigo a utilização do referido computador. Dada a redacção do n.º 1 do art. 425.º do CP, também neste último caso o funcionário preencherá o tipo como autor, embora materialmente o facto por si praticado seja um acto de cumplicidade. Cfr. BELEZA, *Ilicitamente comparticipando...,* cit., 616.

ou não, uma infracção autónoma, não sendo punido pela participação na infracção do outro ([27]).

A uma primeira leitura poderia parecer que alguns preceitos do ED, integrando o resultado na própria previsão disciplinar, de alguma forma punham em causa a afirmação de que a infracção disciplinar é meramente *formal*. Seria o caso, por exemplo, do art. 24.º, n.º 1 e), que prevê a aplicação da pena de suspensão aos agentes administrativos que demonstrem falta de conhecimento de normas essenciais reguladoras do serviço, *da qual haja resultado prejuízo para a Administração ou para terceiros,* ou do art. 26.º, n.º 4 a), nos termos do qual a demissão será aplicada aos agentes que violarem segredo profissional ou cometerem inconfidência *de que resultem prejuízos materiais ou morais para a Administração ou para terceiros* ([28]).

Trata-se, porém, de preceitos que apenas limitam a aplicação de determinadas medidas disciplinares à prática de certos factos, assegurando a proporcionalidade entre a infracção e a correspondente sanção, não resolvendo, portanto, a questão da existência, ou não, de infracção disciplinar (art. 3.º ED), embora representem enumerações exemplificativas da mesma. Para além disso, as cláusulas gerais constantes dos primeiros números dos artigos em apreço funcionam como verdadeira *ratio legis* das enumerações exemplificativas que se lhes seguem, comandando a respectiva interpretação, e fazendo com que a Administração, na hipótese de a conduta integrar uma das descrições exemplificativas, tenha de provar que essa conduta também realiza a cláusula geral aplicável, podendo o visado demonstrar o contrário ([29]).

([27]) Cfr. STOCK, ob. cit., 226.

([28]) No direito do trabalho, MENEZES CORDEIRO aponta o disposto pelo art. 9.º, n.º 2 e) da LCCT, que considera justa causa de despedimento a *lesão de interesses patrimoniais sérios da empresa*. Segundo este A., a conhecida asserção do carácter *formal* da infracção disciplinar ficaria, assim, infirmada. Cfr. MENEZES CORDEIRO, ob. cit., 751.

([29]) Cfr. Franz BYDLINSKI, *Juristische Methodenlehre und Rechtsbegriff*, 2.ª ed., Viena/Nova Iorque, 1991, 446/447. Na nossa juslaboralística, LOBO

Do Procedimento Admin. Disciplinar: As Relações com o Proc. Penal   29

Saber, por exemplo, se uma determinada pessoa pode continuar como agente administrativo depende mais do seu comportamento – avaliação baseada em factos, não arbitrária –, do que das consequências das suas acções ([30]). Toda a relação de trabalho subordinado assenta em elementos pessoais, designadamente na

---

XAVIER, *Curso de direito do trabalho,* Lisboa/São Paulo, 1992, 488 e ss., 496, e MENEZES CORDEIRO, ob. cit., 818 e ss., 819. Apenas numa situação de faltas injustificadas (arts. 26.°, n.° 2 h) e 71.° e ss. ED e 2.ª parte da al. g) do n.° 2 do art.° 9.° LCCT) não será necessário preencher a cláusula geral, visto que, como refere LOBO XAVIER, as faltas prestam-se a um tratamento objectivo e quantitativo, podendo o legislador fixar um determinado número como relevante para a produção de certo efeito (no caso, o despedimento). Um número definido de faltas injustificadas revela um índice objectivo de absentismo, o qual, fazendo desaparecer a confiança da entidade patronal, impossibilita a subsistência da relação. Cfr. LOBO XAVIER, *Direito da greve,* Lisboa/São Paulo, 1984, 272. No mesmo sentido, MENEZES CORDEIRO, ob. cit., 833 e ss., 840. No direito da função pública, o ED 1979 previa a existência do processo por abandono do lugar e do processo por falta de assiduidade (art. 71.° e ss. ED 1979). Do facto de o vigente ED apenas consagrar o processo por falta de assiduidade, que engloba as duas situações anteriormente autonomizadas, conclui LEAL-HENRIQUES que hoje se não deve questionar se o agente faltoso teve, ou não, o propósito de abandonar o cargo, instaurando-se o competente procedimento disciplinar independentemente da intenção com que o agente administrativo faltou ao serviço. Cfr. LEAL-HENRIQUES, ob. cit., 203. No mesmo sentido, Ac. do STA - 1.ª Secção, de 12 de Janeiro de 1988 (caso de José Miguel Marques Aparício), BMJ, n.° 373, Fevereiro de 1988, 343 e ss., 346; em sentido contrário, designadamente afirmando que a falta de assiduidade não dispensa a verificação da culpa do agente administrativo, Ac. do STA - 1.ª Secção, de 7 de Junho de 1988 (caso de Ana Maria Simões dos Santos Galvão), BMJ, n.° 378, Julho de 1988, 511 e ss., assim como considerando a necessidade de tais faltas (5 seguidas ou 10 interpoladas sem justificação) serem sempre valoradas como infracções disciplinares que inviabilizam a manutenção da relação funcional, Ac. do STA - 1.ª Secção, de 3 de Maio de 1988 (caso de Elisabete Mendes Gonçalves de Sousa Almeida), BMJ, n.° 377, Junho de 1988, 280 e ss., 286/287.

([30]) Cfr. Karl WURTH, *Die Tatfolgen im Disziplinarrecht, in Zum öffentlichen Dienst-und Disziplinarrecht/Festgabe für Hans-Rudolf Claussen,* cit., 157 e ss, 158.

confiança entre as partes, assumindo os chamados deveres acessórios um vigor reforçado. Ora a confiança pode ser posta em causa pela simples realização de determinadas condutas violadoras dos deveres a que o agente se encontra vinculado, independentemente da produção de resultados materiais negativos pelas mesmas.

Por outro lado, a infracção disciplinar é atípica, isto é, não tem como condição necessária da sua existência, diferentemente da criminal (art. 1.º CP), o tipo legal, facto que, no entanto, não significa que aqui tenha sido postergado o princípio da legalidade, com a sua função garantística. A criação de verdadeiros tipos deixaria de fora muitas condutas disciplinarmente relevantes, que ficariam impunes, com sacrifício da igualdade e da justiça. Daí a opção ser necessariamente outra ([31]).

A problemática dos deveres a que se encontram sujeitos os agentes administrativos, que não são mais do que a consagração da necessidade de os mesmos adoptarem determinadas condutas ([32]), reveste alguma complexidade. Está hoje ultrapassada a concepção tradicional das relações especiais de poder, como domínio subtraído ao princípio da legalidade (art. 266.º, n.º 2 CRP) e à força vinculativa dos direitos fundamentais (art.os 18.º, 269.º, n.º 2 e 270.º CRP), em que a conduta do agente administrativo não era determinável *a priori,* mas apenas pelas ordens ou instruções do

---

([31]) Escrevendo sobre o ED 1979, FERMIANO RATO concluía, a partir do facto desse diploma não incluir nos seus arts. 24.º (inactividade) e 25.º (aposentação compulsiva e demissão) a expressão *em geral,* nem os advérbios *nomeadamente* ou *especialmente,* que a enumeração de condutas constante desses preceitos era taxativa, isto é, que esses factos haviam passado a encontrar-se tipicizados. Cfr. António Esteves FERMIANO RATO, *Reflexões sobre o Estatuto disciplinar dos funcionários e agentes da Administração central, regional e local. O problema da tipicidade de certas faltas disciplinares: as sujeitas a aplicação de penas graves,* DA, ano 2, n.º 7, 75 e ss.. Mas sem razão: as cláusulas gerais constantes dos primeiros números desses dois artigos, os quais apenas condicionavam a aplicação das respectivas sanções, eram bem a prova do contrário.

([32]) Cfr. Marcelo REBELO DE SOUSA/Sofia GALVÃO, *Introdução ao estudo do direito,* Lisboa, 1991, 184.

Do Procedimento Admin. Disciplinar: As Relações com o Proc. Penal 31

superior hierárquico, as quais concretizavam o conteúdo da dita relação, que a lei se havia limitado a criar ([33]).

Como já afirmou o STA, não constitui infracção disciplinar o facto de um agente administrativo não ter respeitado uma praxe que se diz existir ([34]). Os deveres dos agentes administrativos serão estabelecidos por lei ou regulamento administrativo. Apesar de a Constituição apenas ter reservado para o acto legislativo a fixação do *regime geral* de punição das infracções disciplinares (art. 168.º, n.º 1 d) CRP), não é de admitir a criação inovatória de deveres autónomos por regulamento administrativo, visto que se trata de restrições à esfera individual, tendo os mesmos, por conseguinte, que se limitar à densificação (para determinada categoria de

---

([33]) Sobre a matéria, de entre a infindável literatura, Wolfgang LOSCHELDER, *Vom besonderen Gewaltverhältnis zur öffentlichrechtlichen Sonderbindung,* Colónia/Berlim/Bona/Munique, 1982. Entre nós, para além da manualística, Maria João ESTORNINHO, *Requiem pelo contrato administrativo,* Coimbra, 1990, 162 e ss., José Luís PEREIRA COUTINHO, *A relação de emprego público na Constituição: algumas notas, in Estudos sobre a Constituição (coordenação de Jorge Miranda),* III, Lisboa, 1979, 689 e ss., e Anabela Miranda RODRIGUES, *A posição jurídica do recluso na execução da pena privativa de liberdade (Seu fundamento e âmbito),* Coimbra, 1982, 34 e ss.. Foi a especifidade da função de cobrador em serviço num autocarro de transporte de passageiros, designadamente a estreita ligação com o público, que levou o TC a não julgar inconstitucional o normativo do Regulamento de Transportes em Automóveis que impõe ao pessoal que presta serviço nos veículos de transporte colectivo de passageiros a obrigação de se apresentar devidamente uniformizado e barbeado. Cfr. Ac. do TC n.º 6/84, de 18 de Janeiro de 1984 (processo n.º 42/83), DR, II série, n.º 101, de 2.5.84, 3947/3948. Defendendo a revalorização do conceito de *relação especial de poder,* designadamente recusando aquilo que apelida de respectiva *cosmética verbal,* SOUSA, ob. cit., 242 e ss.. Trata-se, no entanto, da afirmação da *relação especial de poder*, já não no seu sentido tradicional, mas enquanto *relação jurídico-administrativa especial.*

([34]) Cfr. Ac. do STA - 1.ª Secção, de 4 de Fevereiro de 1986 (caso de Hélder Manuel Silva Lima dos Santos), AD, ano XXVI, n.º 304, 463 e ss..

agentes administrativos, como é próprio de um direito estatutário) dos deveres legalmente estabelecidos ([35]).

2. O ILÍCITO DISCIPLINAR E A UNIDADE DO ORDENAMENTO JURÍDICO

Realizada a violação de deveres, e não se encontrando preenchida qualquer causa de justificação, tal conduta de um agente administrativo será considerada disciplinarmente ilícita. Também aqui cumpre distinguir entre uma ilicitude *formal,* ou seja, a violação dos deveres impostos pelas normas de direito disciplinar, e uma ilicitude *material,* que consiste no desrespeito pelo bem jurídico protegido. A ilicitude disciplinar não se esgota, assim, na relação conduta/norma, possuindo igualmente um significado *material* ([36]).

Sem que com isto se pretenda afirmar uma indiferenciação entre os diferentes deveres a que os agentes administrativos se encontram adstritos, cujo aprofundamento dogmático está, entre nós, por realizar, o bem jurídico tutelado é a *capacidade funcional da Administração pública* e não apenas a chamada legalidade administrativa, como o comprova o catálogo de deveres constante dos n.ºs 3 e 4 do art. 3.º ED, que obriga a bem mais do que ao mero cumprimento da lei.

A *autonomia* do ilícito disciplinar encontra-se expressa na possibilidade de cumulação das responsabilidades disciplinar e criminal pela prática do mesmo facto, sem violação do *ne bis in*

([35]) Cfr. SÉRVULO CORREIA, ob. cit., em especial 240/241 nota (402). Sobre a tendência cada vez mais generalizada para a regulamentação do fenómeno disciplinar laboral pela via convencional colectiva, RAMALHO, ob. cit., 78 e ss.. Como é sabido, na função pública não há contratação colectiva. Cfr. MENEZES CORDEIRO, ob. cit, 332 e ss..

([36]) Àcerca da distinção, no direito penal, entre os conceitos *material* e *formal* de ilicitude, bem como sobre as suas consequências, por exemplo, ROXIN, ob. cit., 371 e ss..

idem ([37]). Reafirmando um lugar-comum: o ilícito disciplinar não é um *minus* relativamente ao criminal ([38]), mas sim um *aliud*. Aliás, a conhecida subsidiariedade da intervenção do direito penal é suficiente para justificar a referida possibilidade de aplicação cumulativa de uma medida disciplinar e de uma sanção criminal pela prática do mesmo facto ([39]).

Surge então a pergunta: como conciliar a existência de diferentes ilicitudes com a unidade do ordenamento jurídico?

Uma definição unitária da ilicitude traduz a pretensão da ordem jurídica a que a comparação entre o direito e a realidade conduza a um único resultado, vinculativo para todo o ordenamento, o qual tomaria assim posição relativamente a um determinado facto considerando-o, muito simplesmente, conforme, ou não, ao direito ([40]).

Mas os vários ramos do direito têm funções distintas. Daí o exemplo clássico da tributação dos negócios jurídicos contrários à ordem pública ou ofensivos dos bons costumes, a que o direito civil

---

([37]) Só uma interpretação correctiva do disposto no n.º 5 do art.º 29.º da CRP permitiria chegar à conclusão contrária. No direito alemão, tal posição é defendida pela voz isolada de Herbert BEHNKE, *Strafe und Massnahme im Disziplinarrecht. Ein Beitrag zur Neuorientierung des Problems der Doppelbestrafung*, Munique, 1972, ed. do Autor, 68 e ss.. A doutrina e a jurisprudência alemãs, apesar de considerarem que a garantia do *ne bis in idem* constante do art. 103.º, n.º 3 da LF consubstancia um verdadeiro direito fundamental, não deixam de afirmar em uníssono que a mesma não vale nas relações entre os direitos disciplinar e penal. Cfr., por todos, Ortlieb FLIEDNER, *Die verfassungsrechtlichen Grenzen mehrfacher staatlicher Bestrafungen aufgrund desselben Verhaltens (Ein Beitrag zur Auslegung des Art. 103 Abs. 3 GG)*, AöR, tomo 99, caderno 2, 1974, 242 e ss., esp.265 e ss..

([38]) Se assim não fosse, como aliás sucedeu durante longo tempo, a relação que então existiria entre as normas ditas disciplinares e as criminais levaria sempre à aplicação exclusiva de umas ou outras a cada caso concreto. Cfr. STOCK, ob. cit., 162.

([39]) Cfr. ROXIN, ob. cit., 23.

([40]) Cfr. Paul KIRCHHOF, *Unterschiedliche Rechtswidrigkeiten in einer einheitlichen Rechtsordnung*, Heidelberg/Karlsruhe, 1978, 8.

(ex.: § 138.º do BGB e art. 280.º do CC) não reconhece qualquer eficácia [41]. É certo que se pode sustentar que da doutrina da unidade do ordenamento jurídico apenas resultaria a negação da possibilidade de ilicitudes diferentes, não ficando precludidas as distintas valorações dos vários ramos do direito no plano das consequências jurídicas [42]. Trata-se, porém, de argumento que não colhe, uma vez que a distinção no plano das consequências jurídicas é consequência de uma distinção prévia ao nível dos ilícitos.

A plena autonomização entre os ilícitos civil e criminal constitui, no direito moderno, um verdadeiro dado adquirido. E não só. Aproveitando o exemplo dado por KIRCHHOF, um simples acidente de viação pode levar à aplicação cumulativa dos Códigos Civil, Penal e da Estrada [43]. O que torna também patente a eficácia normativa — aplicação de regimes jurídicos diversos —, que não meramente didáctica, da tradicional divisão entre os ramos do direito.

Assim, o que importa analisar, à luz da unidade do ordenamento jurídico, não é a possibilidade da existência de diferentes ilicitudes, mas antes a problemática do relacionamento entre as mesmas, de modo a aferir o grau de independência de que disfrutam e, muito concretamente, a responder à questão da relevância, ou não, das causas de exclusão da ilicitude previstas por um ramo do direito, nos outros.

No que respeita à ilicitude penal, o problema foi, entre nós, expressamente resolvido pelo próprio legislador: o facto não será criminalmente punível quando a sua ilicitude for excluída pela ordem jurídica considerada na sua totalidade (art. 31.º, n.º 1 CP).

---

[41] Cfr. KIRCHHOF, ob. cit., 10, e Nuno SÁ GOMES, *Notas sobre o problema da legitimidade e natureza da tributação das actividades ilícitas e dos impostos proibitivos, sancionatórios e confiscatórios, in Estudos/Comemoração do XX aniversário do Centro de Estudos Fiscais,* II, Lisboa, 1983, 711 e ss., 715.

[42] Cfr. Hans-Heinrich JESCHECK, *Lehrbuch des Strafrechts/Allgemeiner Teil,* 4.ª ed., Berlim, 1988, 293.

[43] Cfr. KIRCHHOF, ob. cit., 5.

Esta solução decorre do já mencionado carácter subsidiário do direito penal ([44]), representando um contributo deste ramo do direito para a unidade do ordenamento jurídico ([45]). De acordo com a tese da unidade da ordem jurídica, tal normativo seria perfeitamente desnecessário e inútil. Por isso, ele é bastante esclarecedor quanto à credibilidade da mesma ([46]). Segundo a doutrina dominante ([47]), um simples acto administrativo, desde que eficaz, pode funcionar como causa de exclusão da ilicitude criminal, visto que a confiança do destinatário do acto na respectiva conformidade ao direito – por força do princípio da legalidade administrativa, os actos administrativos presumem-se legais ([48]) – revela-se merecedora de tutela ([49]).

Problema-chave na sociedade industrial dos nossos dias é o de determinar os efeitos, no plano da responsabilidade civil, das autorizações administrativas concedidas para se levar a cabo actividades susceptíveis de lesar bens jurídicos de terceiros. Trata-se de discutir aquilo que a doutrina alemã designa por *Legalisierungswirkung* das autorizações administrativas no direito civil ([50]).

([44]) Cfr. ROXIN, ob. cit., 380.

([45]) Cfr. ROXIN, ob. cit., 125/126.

([46]) Na autorizada opinião de Eduardo CORREIA, a existência de um preceito como o actual n.º 1 do art. 31.º do CP, é a prova da autonomia do ilícito criminal, uma vez que quem defender a unidade integral de toda a ilicitude não poderá deixar de ter tal disposição por dispensável. Só quem aceita a autonomia do ilícito penal é que, pelo contrário, considerará tal normativo absolutamente indispensável. Cfr. *Actas das sessões da Comissão revisora do Código Penal,* Parte geral, I, ed. Associação Académica/Lisboa, 218/219.

([47]) Cfr. Gerhard WAGNER, *Öffentlich-rechtliche Genehmigung und zivilrechtliche Rechtswidrigkeit,* Colónia/Berlim/Bona/Munique, 1989, 25/26.

([48]) É o conhecido efeito positivo do princípio da legalidade administrativa. Cfr. FREITAS DO AMARAL, *Direito administrativo,* II, Lisboa, 1988, 59/60.

([49]) Pelo contrário, defendendo a necessidade do acto administrativo, para poder funcionar como causa de exclusão da ilicitude criminal, ser não só eficaz, como também, em regra, válido, Roland SCHMITZ, *Verwaltungshandeln und Strafrecht,* Heidelberg, 1992, 29 e ss..

([50]) Cfr. WAGNER, ob. cit., 1 e 4.

Recorde-se como para as os defensores da unidade do ordenamento jurídico a questão se resolveria com facilidade: uma conduta autorizada pelo direito público não poderia nunca gerar um ilícito civil. As causas de justificação de cada ramo do direito valeriam, segundo esta teoria, para o conjunto do ordenamento jurídico, logo em todos os ramos. Dado que uma conduta só poderia ser lícita ou ilícita, a problemática das causas de exclusão da ilicitude teria que ser decidida unitariamente ([51]). São, pois, bem importantes as consequências práticas desta questão.

Eis chegada a altura de focar a atenção no direito positivo português. Em sede de responsabilidade civil do produtor pelos danos causados por defeitos dos seus produtos, o DL 383/89, de 6 de Novembro, transpôs para a nossa ordem jurídica a Directiva 85/374/CEE, do Conselho, de 25 de Julho de 1985. Nos termos da al. d) do art. 5.º do citado DL, o produtor não poderá ser responsabilizado sempre que provar que o defeito é devido à conformidade do produto com normas imperativas estabelecidas pelas autoridades públicas.

Como refere CALVÃO DA SILVA ([52]), o produtor, para poder beneficiar do referido meio de defesa, tem que provar o nexo de causalidade entre o defeito e a conformidade à norma imperativa,

---

([51]) Cfr. WAGNER, ob. cit., 91/92. No 34.º Congresso nacional de juristas alemães *(Deutscher Juristentag),* que teve lugar em 1926, a unidade do ordenamento jurídico foi o fundamento invocado para a propugnada unidade do conceito de ilicitude: a ordem jurídica vista como mais do que a simples soma dos vários ramos que a compõem, os quais, independentemente das suas tarefas específicas, constituíam uma parte do todo, que se destinavam a servir; além de que o ordenamento jurídico não cumpriria a sua tarefa de possibilitar um viver ordenado em comunidade se permitisse que os imperativos e proibições dos vários ramos de direito fossem entre si contraditórios; por tudo isso, tal como o seu oposto, isto é, a licitude, também a ilicitude pertencia aos conceitos gerais da ciência do direito. Cfr. Hans-Ludwig GÜNTHER, *Strafrechtswidrigkeit und Strafunrechtsausschluss,* Colónia/Berlim/Bona/Munique, 1983, 23.

([52]) Cfr. João CALVÃO DA SILVA, *Responsabilidade civil do produtor,* Coimbra, 1990, 724/725.

isto é, tem de demonstrar que foi o conteúdo obrigatório da norma que originou o defeito do produto. Ora tal só sucederá se as normas legais tiverem um conteúdo tão minucioso e rígido que imponham um *modo de produção*. Em regra, o quadro legal limita-se a, por exemplo, impor um nível mínimo de segurança, pelo que a conformidade do produto ao mesmo não isentará o produtor da responsabilidade objectiva [53]: dada a liberdade para ultrapassar os padrões mínimos, o fabricante não logrará provar que o defeito se deve à conformidade do produto com as normas.

De igual modo, as autorizações administrativas e os controlos de qualidade dos produtos não constituem causas de exclusão da responsabilidade do produtor, visto que os defeitos se não devem a essas autorizações ou controlos [54]. O STJ já decidiu que, para afastar a responsabilidade civil nos termos do art. 493.º, n.º 2 do CC, não bastava aos Caminhos de Ferro Portugueses, EP, a prova de haverem observado o Regulamento para a Exploração e Polícia dos Caminhos de Ferro Portugueses, aprovado pelo DL 39.780, de 21 de Agosto de 1954, uma vez que tal Regulamento não dispensava outras cautelas que as circunstâncias do caso especialmente exigissem [55]. Numa palavra: as leis e regulamentos administrativos não esgotam nunca os deveres de prevenção de danos. A extensão desses deveres é sempre determinada em função das exigências do caso concreto, podendo ir muito para além do *standard* imposto pelo direito público [56].

Refira-se também que, nos termos dos n.ºs 2 e 3 do art. 1347.º do CC, as obras, instalações ou depósitos de substâncias corrosivas ou perigosas podem dar origem à responsabilidade civil do respectivo proprietário mesmo quando tiverem sido autorizados por entidade pública competente, ou realizados na estrita observância

---

[53] Não fora essa a solução do direito positivo, e seria muito difícil provar a culpa daquele que actua ao abrigo de uma autorização administrativa.

[54] Cfr. CALVÃO DA SILVA, ob. cit, 726 nota(5).

[55] Cfr. CALVÃO DA SILVA, ob. cit., 725 nota(4).

[56] Cfr. WAGNER, ob. cit., 15.

das especiais condições legalmente exigidas (responsabilidade por actos lícitos).

Uma breve análise das soluções do direito português mostra, pois, como os vários juízos de ilicitude são determinados pelas funções próprias dos diversos sectores de ordenamento jurídico. Por isso, não só esses juízos de ilicitude se circunscrevem aos seus domínios, como as respectivas causas de justificação valem apenas, em princípio, para os ramos que as prevêem. É possível que em determinados casos possam valer também noutros ramos do direito (recorde-se o disposto pelo art. 31.º, n.º 1 do CP), mas isso está longe de constituir a regra [57].

Em 1935, ENGISCH afirmava que cada autor que se havia ocupado do problema da unidade do ordenamento jurídico[58] tinha uma concepção própria relativamente ao que por tal se deveria

---

[57] Cfr. WAGNER, ob. cit., 92/93. Para a tese da unidade do ordenamento jurídico, a contradição entre um juízo normativo de ilicitude e a existência de uma causa legal de justificação resolver-se-ia sempre fazendo prevalecer a causa de justificação, o que corresponde inegavelmente à vontade do legislador quando ambas as normas pertencem ao mesmo ramo do direito. Mas quando assim não for, o primado da causa de justificação fica por explicar, visto que não se poderá então estabelecer uma relação de regra-excepção. Cfr. WAGNER, ob. cit., 96/97. Só quando um ramo de direito impuser como dever uma conduta proibida por outro, é que esse dever de conduta terá o efeito de uma causa de justificação. Cfr. DEUTSCH, citado por WAGNER, ob. cit., 99 nota (161). Porque uma mesma conduta não pode ser simultaneamente imposta como um dever jurídico e proibida. A fundamentação desta afirmação não é lógica, mas ontológica. Ninguém pode realizar uma certa conduta e, ao mesmo tempo, o seu oposto. Cfr. Karl ENGISCH, *Die Einheit der Rechtsordnung*, reimpressão, Darmstadt, 1987, 54.

[58] Para o pensamento de ENGISCH na matéria, além da obra citada na nota anterior, *Einführung in das juristische Denken*, 8.ª ed., Estugarda/Berlim/Colónia, 1983, 160 e ss.. A unidade do ordenamento jurídico não significa que o mesmo seja universal, no sentido de abarcar todas as relações humanas. O próprio ENGISCH foi um dos mais destacados defensores da tese do *rechtsfreien Raum (espaço livre do direito)*. Cfr. Arthur KAUFMANN, no *Prefácio* à reimpressão de *Die Einheit...*, cit..

Do *Procedimento Admin. Disciplinar: As Relações com o Proc. Penal* 39

entender. Esta situação tende a manter-se na actualidade ([59]). A recente tese de GÜNTHER teve, entre tantos outros, o mérito de, pondo termo a alguns equívocos, tornar claro que se impõe distinguir entre um conceito geral de ilícito, próprio da Filosofia do direito e da Teoria geral do direito, o qual traça a fronteira entre facto lícito e facto ilícito de uma forma unitária para todo o ordenamento jurídico, e os conceitos de ilicitude próprios dos vários ramos do direito, nos quais se jogam os interesses e fins dos mesmos, estabelecendo a separação entre, por exemplo, facto criminalmente ilícito e facto que, embora lícito para o direito criminal, pode ser considerado lícito ou ilícito na perspectiva de outros ramos de direito ([60]). Ambos os conceitos são teoricamente possíveis, mas é com estes últimos que cumpre trabalhar.

Concluindo: a unidade do ordenamento jurídico ainda está por realizar. Mais do que um axioma, ela representa uma tarefa, um

---

([59]) Cfr. GÜNTHER, ob. cit., 89. Há também que distinguir entre unidade do direito e unidade da ciência do direito. Concluir, sem mais, pela existência da unidade do direito a partir da natureza científica da jurisprudência representa uma verdadeira petição de princípio. Cfr. Claus-Wilhelm CANARIS, *Pensamento sistemático e conceito de sistema na ciência do direito,* trad. portuguesa, Lisboa, 1989, 15.

([60]) Cfr. GÜNTHER, ob. cit, por ex., 29 e ss., 37 e ss., 80 e ss. e 393 e ss., bem como Manuel CORTES ROSA, *Die Funktion der Abgrenzung von Unrecht und Schuld im Strafrechtssystem,* texto dactilografado de uma conferência proferida em 21 de Maio de 1991 na Universidade de Coimbra, no âmbito do Colóquio internacional de direito penal *Para um sistema de direito penal europeu (Bausteine eines gemeineuropäischen Strafrechtssystems),* que teve lugar por ocasião do doutoramento *honoris causa* do Prof. Doutor Claus ROXIN, 9. Sobre este evento, Pedro CAEIRO, *Colóquio internacional de direito penal. Breve crónica,* RPCC, ano I, fasc. 4, Outubro-Dezembro 1991, 629 e ss.. Para um resumo em português da obra de GÜNTHER, Manuel da COSTA ANDRADE, *Consentimento e acordo em direito penal,* Coimbra, 1991, 166/167 nota (68). O exame crítico da referida tese foi feito, entre outros, por Winfried HASSEMER, NJW, 27.º ano, 1984, caderno 7, 351/352. V. Também ROXIN, ob. cit., 371, 381 e 403/404. Especialmente sobre a legítima defesa, PALMA, *A justificação por legítima defesa como problema de delimitação de direitos,* II, Lisboa, 1990, 709 e ss..

objectivo a atingir, assim como um postulado axiológico, que se reconduz ao princípio da igualdade [61] e, por essa via, ao valor da justiça [62]. Ao legislador e ao intérprete-aplicador do direito [63] caberá evitar e harmonizar as diferentes contradições valorativas, à luz dos princípios da hierarquia normativa e da especialidade, isto é, da aplicação da norma mais adequada à factualidade concreta [64].

A seu tempo serão estudadas as relações entre os ilícitos penal e disciplinar, designadamente a questão da força vinculativa das causas de exclusão do ilícito criminal, verificadas por sentença transitada em julgado, no domínio disciplinar [65].

3. AS MEDIDAS DISCIPLINARES [66]

As várias espécies de sanções não se distinguem entre si por traços estruturais, mas antes pela função que desempenham [67]. O bom conhecimento dos fins das medidas disciplinares, cujo carác-

---

[61] Cfr. CANARIS, ob. cit., 20.

[62] Cfr. António CASTANHEIRA NEVES, *A unidade do sistema jurídico: o seu problema e o seu sentido, in Estudos em homenagem ao Prof. Doutor J. J. Teixeira Ribeiro/Número especial do BFDUC*, II, Coimbra, 1979, 73 e ss., 104/105.

[63] Dispõe, a propósito, o n.º 1 do art. 9.º do CC que a actividade de interpretação da lei visa reconstituir o pensamento legislativo, a partir do texto legal e tendo sobretudo em conta, entre outros elementos, a unidade do sistema jurídico.

[64] Cfr. KIRCHHOF, ob. cit., 25.

[65] *Infra,* 2.ª Parte, Cap. II, 3.6.2.

[66] A Reforma legislativa do direito disciplinar da função pública alemã de Novembro de 1967 introduziu, com o propósito de acentuar a separação relativamente ao direito criminal, a palavra *Beamter (funcionário público)* no lugar de *Beschuldigter (arguido)*, assim como a expressão *Disziplinarmassnahme (medida disciplinar)* em vez *Disziplinarstrafe (pena disciplinar)*. Não se tratando de mera questão de terminologia, é ensinamento a seguir.

[67] Cfr. José de Oliveira ASCENSÃO, *O Direito. Introdução e Teoria Geral (Uma perspectiva luso-brasileira),* 6.ª ed., Coimbra, 1991, 51 e ss..

Do Procedimento Admin. Disciplinar: As Relações com o Proc. Penal 41

ter instrumental está fora de dúvida, revela-se essencial para a sua correcta aplicação aos casos concretos. É comum fazer-se apelo à distinção, originária do direito canónico, entre penas medicinais e penas vindicativas ([68]), considerando-se as medidas disciplinares verdadeiras *poenae medicinales,* cuja razão de ser se encontra nos fins correctivos que prosseguem ([69]), em contraste com as penas vindicativas, que visam a expiação da culpa. Educar os agentes administrativos no cumprimento dos seus deveres é, porém, tarefa que não se resolve apenas através da imposição de medidas disciplinares, implicando uma verdadeira reforma de mentalidades.

O direito disciplinar existe para a protecção da capacidade funcional da Administração pública. Por força da vigência, no seu seio, do princípio da oportunidade ([70]), a culpa é *pressuposto* (art. 3.º ED) e *limite* da medida disciplinar (art.ºs 28.º e 30.º ED), mas não seu *fundamento.* Isto é: a circunstância de muitas violações de deveres culposamente perpetradas por agentes administrativos poderem não dar lugar a qualquer reacção disciplinar é incompatível com uma função retributiva, da qual, por exigências de justiça, decorreria a necessidade de perseguição de todas as infracções disciplinares ([71]). Assim, a função da culpa reside não em fundamentar a aplicação de uma medida disciplinar, mas unicamente em evitar que uma tal aplicação possa ter lugar onde não exista culpa ou numa medida superior à suposta por esta ([72]).

([68]) Cfr. Francesco Jannitti PIROMALLO, *Disciplina nella pubblica amministrazione, in Novissimo Digesto Italiano,* V, 1067 e ss., 1071.

([69]) Cfr. Otto MAYER, *Derecho administrativo alemán,* trad. espanhola, IV, 2.ª ed., Buenos Aires, 1982, 75/77.

([70]) *Infra,* 1.ª Parte, Cap. II, 3.

([71]) Cfr. FLIEDNER, *Die Zumessung der Disziplinarmassnahmen,* Berlim, 1972, 92/93, e Werner HELLFRITZSCH, *Das ausserdienstliche Fehlverhalten der Beamten,* 2.ª ed., Colónia/Berlim/Bona/Munique, 1981, 48.

([72]) Cfr., no direito criminal, obviamente por razões que não se reconduzem ao princípio da oportunidade na actuação administrativa, Jorge de FIGUEIREDO DIAS, *Sobre o estado actual da doutrina do crime (1.ª Parte)*

Dada a protecção constitucional da dignidade da pessoa humana (art. 1.º CRP) e respectiva integridade pessoal (art. 25.º CRP), a ideia da prevenção geral, no sentido tradicional de prevenção geral de intimidação, sofre as maiores reservas ([73]). Num Estado de direito, os agentes administrativos não podem ser alvo de medidas disciplinares determinadas por fins que os ultrapassem. Assim, as necessidades da prevenção geral são aqui asseguradas sobretudo pelos normativos legais que condicionam a aplicação de determinadas medidas disciplinares à prática de certas infracções, em função da respectiva gravidade, assegurando a proporcionalidade entre a sanção e a infracção (art. 22.º e ss. ED) ([74]). Com efeito, para além de apresentar um elenco de medidas disciplinares (art. 11.º ED) ([75]), o ED fornece padrões para aferir da gravidade de certas condutas, que funcionam como limites máximos relativamente à determinação da medida aplicável ao caso concreto. O órgão competente para a aplicação de medidas disciplinares não tem, portanto, ao seu dispor, para qualquer infracção, o inteiro catálogo de sanções.

(Sobre os fundamentos da doutrina e a construção do tipo-de-ilícito), RPCC, ano I, 1, Janeiro-Março 1991, 9 e ss., 25.

([73]) Cfr., citando BADURA, FLIEDNER, Die Zumessung..., cit., 95/96; relativamente às penas criminais, FIGUEIREDO DIAS, ob. e loc. cits., 26.

([74]) Cfr., no direito criminal, José de SOUSA E BRITO, A medida da pena no novo código penal, in Estudos em homenagem ao Prof. Doutor Eduardo Correia/Número especial do BFDUC, III, cit., 555 e ss., 585.

([75]) É de criticar o facto de o ED ter deixado de incluir a transferência nesse seu elenco. Para o legislador de 1984, a mesma representa um instrumento de gestão do pessoal, não devendo assumir uma valoração disciplinar autónoma (n.º 1 do Preâmbulo do ED). Mas talvez seja difícil encontrar uma medida tão adequada às finalidades do direito disciplinar. Veja-se, a propósito, o disposto pelos n.ºs 4 e 5 do art. 13.º ED. Entre nós, a transferência consta dos catálogos de medidas disciplinares aplicáveis aos magistrados judiciais e do Ministério Público, assim como aos oficiais de justiça (respectivamente, arts. 85.º, n.º 1 c) e 93.º da Lei 21/85, de 30 de Julho, arts. 141.º, n.º 1 c) e 144.º da Lei 47/86, de 15 de Outubro, e arts. 127, n.º 1 c) e 135.º do DL 276/87, de 11 de Dezembro).

Do Procedimento Admin. Disciplinar: As Relações com o Proc. Penal 43

A vigência do princípio da oportunidade compromete igualmente a finalidade de prevenção geral, também neste domínio dependente, não tanto da severidade das sanções, como do grau de probabilidade de as mesmas virem a ser aplicadas ([76]). A finalidade característica das medidas disciplinares é, pois, a *prevenção especial ou correcção,* motivando o agente administrativo que praticou uma infracção disciplinar para o cumprimento, no futuro, dos seus deveres, sendo as finalidades retributiva e de prevenção geral só secundária ou acessoriamente realizadas ([77]). Quando a gravidade da infracção praticada torne impossível a subsistência da relação, terá lugar a aplicação de uma medida expulsiva, ficando o corpo de agentes administrativos livre de quem, pela sua conduta, mostrou não possuir condições para lhe pertencer, já que não dá garantias de poder continuar a contribuir para assegurar a capacidade funcional da Administração.

É certo que o preceito geral relativo à medida e graduação das sanções disciplinares (art. 28.º ED) omite, diferentemente do correspondente normativo penal (art. 72.º, n.º 1 CP), uma referência expressa às exigências da prevenção de futuras infracções, limitando-se a mandar ponderar, entre outros elementos, a perso-

---

([76]) Cfr., para as penas criminais, Figueiredo Dias, ob. e loc. cits., 26.

([77]) Entende-se hoje que a própria responsabilidade civil não visa apenas reparar o dano, como também preveni-lo, dirigindo as condutas humanas e assumindo uma verdadeira função educativa. Pense-se, por exemplo, nos *punitive damages (danos punitivos)* do direito anglo-saxónico, soma de dinheiro atribuída pelo juiz para além da correspondente à reparação do dano, com o objectivo de desencorajar práticas semelhantes. Cfr. Geneviève Viney, *La responsabilité, in Archives de philosophie du droit,* tomo 35 *(vocabulaire fondamental du droit),* Paris, 1990, 75 e ss., esp. 88 e ss.. Entre nós, Júlio Gomes, *Uma função punitiva para a responsabilidade civil e uma função reparatória para a responsabilidade penal?,* RDE, ano XV, 1989, 105 e ss..

([78]) Cfr., para as penas criminais, Roxin, *Sinn und Grenzen staatlicher Strafe, in Strafrechtliche Grundlagenprobleme,* Berlim/Nova Iorque, 1973, 1 e ss., esp. 7 e ss.; na tradução portuguesa, *Sentido e limites de pena estatal, in Problemas fundamentais de direito penal,* Lisboa, 1986, 15 e ss., esp. 43 e ss.. Do mesmo Autor, v. também *Strafrecht,* cit., 26 e ss., esp. 43/44.

nalidade do agente administrativo visado. Mas, por exemplo, nos casos que podem conduzir à aplicação das medidas mais graves (demissão e aposentação compulsiva), o legislador não deixou de afirmar a primazia do juízo de prevenção especial: a relação funcional só cessará quando tiver ficado inviabilizada (art. 26.º, n.º 1 ED).

Acima de tudo, importa não absolutizar nenhum dos fins das medidas disciplinares, sob pena de tal gerar um verdadeiro efeito multiplicador, legitimando-se três faculdades de intervenção em lugar de uma única ([78]). As enunciadas finalidades das medidas disciplinares devem, isso sim, restringir-se reciprocamente, desde logo com a culpa a reduzir as exigências da prevenção especial à sua justa medida. Concretizando: por força da adopção do princípio da culpa, nunca poderá ser aplicada uma medida disciplinar sem culpa, ou de grau superior à mesma; ao invés, atentos aos imperativos da prevenção especial, poderá ser aplicada uma medida inferior à adequada à culpa ([79]).

Por último, refira-se que será sempre aplicada uma única medida disciplinar (art. 14.º ED), a qual não é fruto de um qualquer cúmulo jurídico, antes resultando de um juízo global do comportamento do agente administrativo, que é como quem diz da unidade da infracção disciplinar ([80]). Prevê-se, no entanto, a aplicação a título de sanção acessória da medida de cessação da comissão de serviço, relativamente a infracções praticadas por dirigentes ou equiparados que sejam puníveis com medida igual ou superior à de multa (art. 27.º, n.º 2 ED).

---

[79] Cfr., no direito criminal, por exemplo, SOUSA E BRITO, ob. e loc. cits., 581.

[80] *Infra,* 1.ª Parte, Cap. II, 2.

CAPÍTULO II

PRINCÍPIOS FUNDAMENTAIS
DO DIREITO DISCIPLINAR MATERIAL
E PROCESSUAL

1. O PRINCÍPIO DA NÃO-TIPICIDADE. REMISSÃO

Foi atrás demonstrado como a infracção disciplinar é *atípica*. Valem aqui as considerações anteriormente feitas a esse respeito [81].

2. O PRINCÍPIO DA UNIDADE DA INFRACÇÃO

Baseado em factos concretos, o juízo disciplinar reporta-se à globalidade do comportamento do agente administrativo. Por isso, diversos factos, em sentido naturalístico, praticados em momentos diferentes, e violando distintos deveres, irão dar origem, em regra, a uma única infracção disciplinar. Eis o conhecido *princípio da unidade da infracção disciplinar* [82].

---

[81] *Supra*, Cap. I, 1.

[82] Cfr. Kurt BEHNKE, *Bundesdisziplinarordnung*, 2.ª ed., Estugarda/ /Berlim/Colónia/Mainz, 1970, 63 e ss., CLAUSSEN/JANZEN, ob. cit., 24 e ss., Erich LINDGEN, *Handbuch des Disziplinarrechts für Beamte und Richter in Bund und Ländern*, I, Berlim, 1966, 354/355, e WOLFF/BACHOF/STOBER, ob. cit., 586.

Não é o dever infringido que individualiza a infracção disciplinar. O binómio é, isso sim, *violação de deveres / unidade da infracção* [83], cujo critério está longe de ser meramente naturalístico. Sem que a unidade da infracção disciplinar possa constituir, por seu lado, obstáculo, como outrora aconteceu [84], a uma cada vez maior precisão conceptual em sede de deveres dos agentes administrativos.

Saber qual a valoração disciplinarmente adequada é pergunta que só obtém resposta satisfatória tomando em consideração o conjunto das condutas do visado. Diversos comportamentos faltosos de um agente administrativo não consubstanciam igual número de infracções disciplinares, como sucederia, em princípio, se se tratasse de preencher tipos criminais. Eles serão antes de valorar unitariamente, abrangendo-se nesse juízo a conduta global do agente. O princípio da unidade da infracção, válido para todo o direito disciplinar, fundamenta-se no respectivo fim de protecção da capacidade funcional da Administração, o qual impõe a consideração global das diferentes violações de deveres cometidas por um agente administrativo, atenta até a continuidade da relação, se for caso disso. Este princípio representa, portanto, bem mais do que um expediente para se chegar à aplicação de uma única medida disciplinar [85].

Seguindo uma lógica de mera economia processual, O ED mostra-se sobretudo preocupado com a unidade de procedimentos

---

[83] Cfr. Hans-Dietrich WEISS, *Das Dienstvergehen der Beamten (Kritik und Neuvorschläge)*, Berlim, 1971, 62/63. Impõe-se, assim, manifestar discordância em relação a Marcello CAETANO quando afirma peremptoriamente que é o dever infringido que individualiza a infracção disciplinar (ob. cit., 811). Crítico relativamente ao princípio da unidade da infracção, sobretudo quanto à possibilidade de unificação das violações dos deveres cometidas dentro e fora do serviço, o mesmo WEISS, ob. cit., 62 e ss..

[84] Cfr. Francis DELPÉRÉE, *L'élaboration du droit disciplinaire de la fonction publique*, Paris, 1969, 138.

[85] Cfr. Karl BAYER, *Der Grundsatz der Einheit des Dienstvergehens im Wehrdisziplinarrecht, in Zum öffentlichen Dienst- und Disziplinarrecht/Festgabe für Hans Rudolf Claussen*, cit., 65 e ss., esp. 72 e ss., 73.

Do Procedimento Admin. Disciplinar: As Relações com o Proc. Penal 47

disciplinares (art. 48.º ED). Já o STA vem demonstrando alguma sensibilidade para com esta característica própria da infracção disciplinar. Assim, num primeiro Acórdão, relativo a um caso em que um agente da Polícia Judiciária se havia apropriado em proveito próprio de várias quantias em dinheiro que lhe tinham sido confiadas em razão das suas funções, considerou não se verificar a prescrição do direito de instaurar procedimento disciplinar prevista no n.º 1 do art. 4.º do ED, porque se tratava de falta disciplinar continuada – continuidade temporal e unidade do desígnio que presidiu à actuação do agente –, tendo os últimos actos sido praticados dentro do prazo indicado no citado normativo ([86]).

Mas é um Acórdão mais recente, de que foi relator o Conselheiro AZEVEDO MOREIRA, que importa aqui analisar ([87]). Nesta sua decisão, o STA fez apelo, por forma a não anular o acto administrativo recorrido, à noção de crime continuado. Segundo o referido Tribunal, constitui infracção disciplinar continuada o recebimento de vantagens económicas dadas por um investidor estrangeiro (pagamento de uma estadia num hotel da Suíça e aceitação de um cheque de 10.000 dólares) por parte de um funcionário do Instituto de Investimento Estrangeiro, com o intervalo de cerca de um ano e meio, tendo o referido investidor interesses em processos pendentes naquele Instituto nos quais intervinha o dito funcionário.

O problema não é novo ([88]). Sem excluir à partida e em absoluto a aplicabilidade no direito disciplinar da figura do crime continuado, cumpre, porém, recordar como ela nasceu para obviar à dureza da punição segundo as regras do concurso de crimes nos casos em que um determinado circunstancialismo externo favore-

---

([86]) Cfr. Ac. do STA - 1.ª Secção, de 4 de Junho de 1987 (caso de Cândido da Silva Taveira Sarmento), processo n.º 19.688, não publicado.

([87]) Trata-se do Ac. do STA - 1.ª Secção, de 27 de Setembro de 1990 (caso do Dr. Francisco Lopo de Carvalho), AD, ano XXX, n.º 352, 451 e ss..

([88]) Cfr., entre outros, G. DÜRSCHKE, *Die fortgesetzte Handlung im Disziplinarrecht,* ZBR, ano 8.º, caderno 2, Fevereiro de 1960, 45 e ss..

ceu a continuação criminosa. Procurou-se, assim, responder adequadamente a situações de reiteração de condutas criminosas nas quais se encontra patente uma diminuição da culpa do agente [89]. O crime continuado é punível com a pena correspondente à conduta mais grave que integra a continuação (art. 78.°, n.° 5 CP). Daí que tenha ficado por explicar a utilização pelo STA de uma figura que surgiu sobretudo para efeitos de humanização da pena criminal, contra a sua teleologia intrínseca, em termos que, se se tratasse de acto administrativo, seriam qualificados como desvio de poder [90].

Há que recorrer sempre, em primeiro lugar, aos institutos próprios do direito disciplinar, no caso o *princípio da unidade da infracção*, nos termos do qual será considerada a globalidade das condutas faltosas, não apenas a mais grave. Por último, refira-se que não era necessário, para obter os resultados pretendidos, ter feito apelo à figura do crime continuado, já que em determinadas relações de carácter duradouro, como a relação jurídica de emprego público, renascem sucessivamente, com a verificação repetida ou continuada dos seus pressupostos justificativos, novos direitos potestativos de exercício do poder disciplinar, em sintonia com os interesses intrínsecos da relação jurídica de base duradoura, garantindo a normalidade do seu funcionamento [91]. Caso contrário, isto é, se perante um facto ilícito sucessivo ou contínuo, o prazo de prescrição em jogo fosse contado desde o seu conhecimento inicial, a Administração nunca poderia contemporizar, aumentando-se a litigiosidade, ou, ao invés, consolidando-se a prática de factos ilícitos [92].

---

[89] Cfr. BELEZA, ob. cit., 612 e ss., e Manuel CAVALEIRO DE FERREIRA, *Lições de direito penal,* I, 2.ª ed., Lisboa, 1987, 388 e ss..

[90] Cfr. SÉRVULO CORREIA, ob. cit., 620.

[91] Cfr. Heinrich Ewald HÖRSTER, *Nótula referente a alguns aspectos pontuais dos direitos potestativos (motivada pela Lei n.° 24/89, de 1 de Agosto),* RDE, ano XV, 1989, 347 e ss., 351/352.

[92] Cfr., especificamente a propósito da caducidade do direito de pedir a resolução de um contrato de arrendamento urbano, MENEZES CORDEIRO/ Francisco CASTRO FRAGA, *Novo Regime do arrendamento urbano. Anotado*

2.1. Limite: a prescrição

Era tradicional considerar-se o direito de instaurar um procedimento disciplinar como imprescritível. Uma infracção disciplinar poderia ser sempre perseguida, mesmo quando só descoberta muito tempo após a sua prática [93]. A prescrição seria algo de estranho a este ramo do direito, dominado pela discricionariedade administrativa, esquecendo-se assim que a passagem do tempo apaga a necessidade de reacção disciplinar, a qual, quando tardia, tenderá sempre a parecer injusta.

(com a colaboração de Ana Sousa Botelho e Maria Esperança Espadinha), Coimbra, 1990, 112.

[93] Ainda hoje há quem o afirme. Nesse sentido, em França, Alain PLANTEY, *Traité pratique de la fonction pubblique,* I, 3.ª ed., Paris, 1971, 482; no direito italiano, Pietro VIRGA, *Il pubblico impiego,* I, 2.ª ed., Milão, 1973, 363, e, mais recentemente, *Diritto amministrativo,* I, 2.ª ed., Milão, 1989, 228, mas dando por certo que a Administração não pode retardar indefinidamente, uma vez conhecida a infracção disciplinar, a instauração do competente procedimento. Neste último ordenamento, a *perenzione (perempção)* verifica-se com o decurso do prazo de 90 dias após a prática do último acto em procedimento disciplinar, sem que nenhum outro se lhe tenha seguido. Cfr. Guido LANDI/ Giuseppe POTENZA, *Manuale di diritto amministrativo,* 8.ª ed., Milão, 1987, 490, e VIRGA, *Diritto...,* cit., 235. Já entre nós os prazos de conclusão do procedimento disciplinar ou de alguma das fases (arts. 45.º, n.º 1 e 66.º, n.º 4 ED), bem como do procedimento administrativo em geral (art. 58.º CPA), não são, dada a falta de estipulação legal nesse sentido, peremptórios. Cfr. Ac. do STA - 1.ª Secção, de 2 de Novembro de 1988 (caso de José David Lemos Calvo), AD, ano XXX, n.º 355, 819 e ss.. Defendendo a inaplicabilidade ao procedimento disciplinar da garantia de um julgamento célere constante do art. 6.º, n.º 1 CEDH, João de Deus PINHEIRO FARINHA, *O processo equitativo garantido na CEDH,* O Direito, ano 122.º, II (Abril-Junho), 1990, 239 e ss., esp. 253 e ss.. No entanto, a perspectiva que tem sido adoptada pela Comissão Europeia de Direitos do Homem e pelo Tribunal Europeu tem sido mais a da protecção do *civil right,* que pode estar em causa em qualquer relação jurídica, independentemente da respectiva qualificação pelo direito nacional. Cfr. Jochen Abr. FROWEIN, *Der europäische Menschenrechtsschutz als Beginn einer europäischen Verfassungsrechtsprechung,* JuS, 1986, caderno 11, 845 e ss., 848/849.

A prescrição assenta precisamente, para além das exigências de certeza e segurança jurídicas, na ponderação da inércia negligente do titular do direito em exercê-lo [94]. Na ausência de norma a estabelecer um prazo de prescrição do direito de instaurar o procedimento disciplinar, dificilmente conseguiria um agente administrativo obstar com êxito a uma reacção tardia por parte da Administração pública, já que lhe caberia a ele provar que a Administração havia perdido interesse na mesma.

No direito português, a questão encontra-se ultrapassada (art. 4.º ED) [95]. No caso de diversas violações aos deveres, os prazos de prescrição legalmente estabelecidos correm separadamente para cada infracção, na medida em que a mesma revista autonomia. Se assim não fosse, o normativo que consagra a prescrição ficaria sem objecto, tornando-se inútil. Deste modo se limita o princípio da unidade da infracção [96]. A dificuldade reside precisamente em determinar quando é que uma infracção disciplinar, que não se reduz a uma violação de um determinado dever, reveste a necessária autonomia. Para além de critérios espaciais e temporais, desempenhará aqui papel relevante a distinção entre os diferentes deveres.

Num claro retrocesso, para as garantias dos agentes administrativos, relativamente ao direito anterior (ED 1979), o actual ED

---

[94] Cfr. Carlos Alberto da MOTA PINTO, *Teoria geral do direito civil*, 3.ª ed., Coimbra, 1985, 376. Em sentido contrário, MENEZES CORDEIRO, ob. cit., 790.

[95] Mas nem sempre foi assim. Por exemplo, o § 2.º do art. 3.º do ED 1943 impedia o funcionamento da prescrição nos casos de infracções susceptíveis de conduzir à aplicação das penas de aposentação compulsiva e demissão. Na nossa juslaboralística, apreciando criticamente o prazo de prescrição de um ano constante do n.º 3 do art. 27.º da LCT, assim como defendendo a sua inaplicabilidade aos casos de despedimento, LOBO XAVIER, *Prescrição de infracção disciplinar (art. 27.º, n.º 3 da LCT)/Anotação*, RDES, ano XXXII, (V da 2.ª série), n.ᵒˢ 1-2-3-4, Janeiro-Dezembro de 1990, 225 e ss., esp. 235 e ss., 248 a 251.

[96] Cfr. LINDGEN, *Handbuch...*, cit., *Ergänzungsband*, Berlim, 1969, 31.

Do Procedimento Admin. Disciplinar: As Relações com o Proc. Penal 51

veio estabelecer, como requisito para que possa funcionar o prazo de prescrição de 3 meses, a necessidade de a falta ser conhecida pelo dirigente máximo do serviço (art. 4.º, n.º 2 ED) [97]. Trata-se de uma inovação infeliz, uma vez que, por razões elementares de lógica jurídica *(ubi commoda, ibi incommoda)* e de justiça, o referido prazo de prescrição deve começar a correr a partir do momento em que pode ser instaurado o procedimento disciplinar, sendo certo que é competente para a respectiva instauração qualquer superior hierárquico (art. 39.º, n.º 1 ED), não apenas o dirigente máximo do serviço [98].

3. O PRINCÍPIO DA OPORTUNIDADE

No exercício do poder disciplinar, vigora o princípio da oportunidade, intimamente ligado ao facto de durante um longo

---

[97] Cfr. Ac. do STA - 1.ª Secção, de 20 de Novembro de 1986 (caso de Manuel Sebastião Ferreira Rodrigues), AD, ano XXVII, n.º 315, 310 e ss..

[98] Cfr., relativamente ao ED1979, o Despacho normativo 142/80, de 24 de Abril. Aplaudindo a solução do legislador de 1984, João Soares RIBEIRO, *O Estatuto disciplinar da função pública,* Porto, 1988, 16. Mas com fundamento em argumentos que não relevam em sede de prescrição, onde a perspectiva é a da certeza e segurança jurídicas, com tutela dos direitos e interesses dos agentes administrativos, atenta a inércia da Administração. Por seu turno, o STA, num Acórdão recente, avançou um novo requisito, para além da exigência do conhecimento da falta pelo dirigente máximo do serviço, para que o reduzido prazo de prescrição do direito de instaurar procedimento disciplinar tenha início: o facto de o órgão superior estar em condições de julgar justificada a – era o caso – ausência ao serviço (art. 71.º, n.º 2 ED). Cfr. Ac. do STA - 1.ª Secção, de 6 de Julho de 1989 (caso de Maria Rosalina Carvalho Monteiro), AD, ano XXIX, n.º 340, 484 e ss.. A crítica deste Acórdão, designadamente quanto à inadmissibilidade de introdução desse requisito de cariz subjectivo, que coloca o início do prazo de prescrição na disponibilidade da Administração, foi feita por Paulo OTERO, *Procedimento disciplinar: início do prazo de prescrição e competência disciplinar sobre os funcionários da Administração indirecta/ /Anotação ao AC. do STA (1.ª Secção) de 6 de Julho de 1989,* O Direito, ano 123.º, 1991, I, 163 e ss., esp. 180 e ss., 187/188.

período de tempo a infracção disciplinar ter sido mera cláusula geral, integradora das diferentes condutas prejudiciais para o serviço ([99]). O *princípio da oportunidade* corresponde à chamada discricionariedade de acção *(Handlungsermessen)* ([100]), ou seja, liberdade de a Administração desencadear, ou não, uma determinada actuação.

Pressupondo o prévio esclarecimento dos factos, pois só após o mesmo se pode decidir com justeza sobre a conveniência de uma reacção disciplinar ([101]), o *princípio da oportunidade* significa que a Administração não tem o dever de perseguir disciplinarmente todas as infracções. Com efeito, no juízo disciplinar não é apenas a reafirmação do direito que está em causa. A Administração tem que fazer valer os interesses de que é portadora, os quais podem justificar que determinada falta fique impune ([102]). Sendo exercido em proveito do seu próprio titular e não de outrém, designadamente o destinatário da actuação, não há fundamento para que o respectivo exercício seja obrigatório, isto é, o poder disciplinar não consubstancia um *poder-dever* ([103]).

([99]) Cfr. LINDGEN, *Handbuch...,* cit., I, 28 e ss..

([100]) Cfr. MAYER, *Das Opportunitätsprinzip in der Verwaltung,* Berlim, 1963, 16.

([101]) *Infra,* 1.ª Parte, Cap. II, 3.1.2.

([102]) Cfr. PLANTEY, ob. cit., 489. Como ensina SÉRVULO CORREIA, tendo a lei deixado em aberto a possibilidade de agir ou de não o fazer, o órgão competente goza da faculdade de adicionar os pressupostos necessários a uma decisão racional. Cfr. SÉRVULO CORREIA, ob. cit., 323.

([103]) Sobre a noção de *poder-dever,* Fernando PESSOA JORGE, *Direito das obrigações,* I, Lisboa 1975/76, 52. No direito do trabalho, a entidade patronal tem o dever, nos termos do disposto pelo n.º 2 do art. 40.º LCT, de aplicar sanções disciplinares, nomeadamente o despedimento, aos trabalhadores que pela sua conduta provoquem ou criem o risco de provocar a desmoralização dos companheiros. Trata-se de um preceito influenciado pelos princípios corporativistas vigentes à data da sua elaboração, à luz dos quais deve ser compreendido. Cfr. RAMALHO, ob. cit., 251 nota (122). Refira-se ainda que para esta A., o poder disciplinar administrativo, instituído, à semelhança do penal, no interesse da

O *princípio da oportunidade* faz com que a Administração disponha da flexibilidade necessária a poder adequar a sua conduta às exigências do interesse público no caso concreto, encontrando-se em estreita conexão com os fins do direito disciplinar, que seriam violentados pela obrigatoriedade de punir, por exemplo, uma simples bagatela, como é o facto de um agente administrativo chegar esporadicamente atrasado ao serviço. Dele resulta também que terceiros não gozam de qualquer pretensão jurídica relativamente à aplicação de uma determinada medida disciplinar a um certo agente administrativo ([104]).

Diferentemente do que sucede no âmbito criminal, onde os juízos de oportunidade surgem sobretudo no plano processual – entre nós, por exemplo, o instituto da suspensão provisória do processo penal (art. 281.º CPP) –, fruto das exigências e dos custos da realização da justiça na sociedade contemporânea, designadamente visando combater a pequena criminalidade e obviar ao

---

comunidade e qualificado pelo legislador (arts. 16.º e 39.º ED) como um dever funcional, é de exercício vinculado (ob. cit., 265).

Justifica-se, pois, uma breve referência ao art. 16.º ED, segundo o qual a competência disciplinar do superior envolve sempre, como é de tradição entre nós, a dos seus inferiores hierárquicos dentro do serviço. Porque o poder disciplinar, garantindo a efectividade dos demais poderes do superior hierárquico, designadamente do poder de direcção, tem que se encontrar previsto ao lado dos mesmos. Não fora essa solução e muitas infracções ficariam irremediavelmente impunes, com sacrifício da igualdade e da justiça. Mas a competência simultânea consagrada no art. 16.º ED resulta também do facto de não ser admissível, num Estado de direito, que garante a dignidade da pessoa humana (arts. 1.º e 25.º CRP), a possibilidade de ser dada uma ordem a um agente administrativo para punir outro, quando o primeiro está convencido da inocência deste último. Cfr. LINDGEN, *Handbuch...*, cit., I, 33/34. Aliás, no domínio da hierarquia interna – de agentes, não de órgãos – é comum entender-se que a competência do superior abrange a do subalterno. Cfr. FREITAS DO AMARAL, *Curso de direito administrativo*, I, Coimbra, 1986, 649. Assim se demonstra como o art. 16.º ED nem assume carácter excepcional, nem põe em causa o princípio da oportunidade no exercício do poder disciplinar.

([104]) Cfr. CLAUSSEN/JANZEN, ob. cit., 165.

congestionamento dos tribunais, isto é, ditados por razões de conjuntura ([105]), no direito disciplinar o *princípio da oportunidade* é simultaneamente um princípio de direito material e processual. Deste modo, o instrutor de um procedimento disciplinar, uma vez concluída a investigação, pode *por outro motivo* entender não ser de exigir responsabilidade disciplinar (art. 57.º, n.º 1 ED).

Isto não significa que a Administração possa escolher livremente entre actuar através dos mecanismos disciplinares ou deixar de o fazer. A decisão é da Administração. Mas as duas alternativas nunca revestem, em cada caso, igual valor para o direito. Todo o poder discricionário é concedido para assegurar a realização de determinados fins, que o justificam, cabendo à Administração ponderar as circunstâncias do caso concreto, bem como respeitar os princípios que dirigem o seu agir, designadamente o da proporcionalidade (art. 266.º, n.º 2 CRP), os quais são verdadeiros critérios de decisão. A discricionariedade é uma zona de *indeterminação,* mas não de *indiferença* normativa ([106]). À ordem jurídica interessa o efectivo e correcto exercício dos poderes discricionários, logo o mau desempenho dos mesmos, que pode consistir no seu não exercício, provoca directamente situações de antijuridicidade ([107]).

([105]) Cfr. Manuel da COSTA ANDRADE, *Consenso e oportunidade (Reflexões a propósito da suspensão provisória do processo e do processo sumaríssimo),* in *O novo Código de Processo Penal/Jornadas de direito processual penal,* Coimbra, 1988, 317 e ss., esp. 338 e ss., 340/341, José da COSTA PIMENTA, *Introdução ao processo penal,* Coimbra, 1989, 127 e Francisco RAMOS MÉNDEZ, *El processo penal. Lectura constitucional,* Barcelona, 1988, 28. A suspensão provisória do processo nos termos do art. 281.º CPP exige uma larga margem de consenso − concordância do juiz, do arguido e do assistente. Cfr. Germano MARQUES DA SILVA, *Do processo penal preliminar,* Lisboa, 1990, 213. Bem pelo contrário, o funcionamento do princípio da oportunidade no domínio disciplinar não depende da concordância do agente administrativo visado.

([106]) Cfr. José Carlos VIEIRA DE ANDRADE, *O dever de fundamentação expressa de actos administrativos,* Coimbra, 1991, 373.

([107]) Cfr. VIEIRA DE ANDRADE, ob. cit., 382.

O *princípio da oportunidade* no desempenho do poder disciplinar redundará muitas vezes em benefício dos agentes administrativos, cujas condutas faltosas poderão ficar sem reparo. Trata-se, pois, de um bom exemplo de como a discricionariedade administrativa não é um *mal necessário,* a ser combatido, antes cumprindo um papel positivo, quer na realização do interesse público, quer na defesa dos interesses dos particulares ([108]).

Os *espaços de conformação* administrativa ([109]) são, no direito disciplinar, tradicionalmente amplos. O legislador emprega amiúde conceitos indeterminados de tipo valorativo, o que faz com que a decisão disciplinar encerre muitas vezes um *juízo de prognose* relativamente à conduta futura do agente administrativo visado no desempenho das suas funções ([110]). Assim, por exemplo, o dever de lealdade aparece definido como consistindo em desempenhar as funções em subordinação aos *objectivos do serviço* (art. 3.º, n.º 8 ED), prevê-se a aposentação compulsiva para os casos de *falta de idoneidade moral para o exercício das funções* (art. 26.º, n.º 3 ED), bem como a possibilidade de aplicação quer da medida de aposentação compulsiva, quer da demissão quando agentes administrativos *desrespeitarem gravemente* superior hierárquico, colega, subordinado ou terceiro, nos locais de serviço ou em serviço público (art. 26.º, n.º 2 a) ED), tendo a relação funcional ficado *inviabilizada* (art. 26.º, n.º 1 ED).

Acto constitutivo que modifica ou extingue uma concreta relação de emprego público, a decisão disciplinar está longe de consubstanciar uma mera verificação da ocorrência de condutas descritas numa dada previsão normativa. Há sempre que valorar as actuações em causa, designadamente na perspectiva da sua repercussão na relação funcional. Neste domínio pontifica a experiência da Administração, dentro dos limites legais, próprios de um Estado de direito.

([108]) Cfr. VIEIRA DE ANDRADE, ob. cit., 377.

([109]) A expressão é de VIEIRA ANDRADE, ob. cit., 372.

([110]) Cfr. SÉRVULO CORREIA, ob. cit., 119.

3.1. Limites

3.1.1. *A prescrição. Remissão*

A prescrição, atrás apontada como limite ao princípio da unidade da infracção, representa também um limite ao próprio princípio da oportunidade. Remete-se para o local onde a matéria foi exposta ([111]).

3.1.2. *O princípio da legalidade no exercício do poder disciplinar*

O princípio da oportunidade, característico da decisão disciplinar, não impede, antes pressupõe, que a Administração tenha o *dever* de proceder ao esclarecimento dos factos que se encontram na base das suas decisões, sob pena de, não o fazendo, violar os parâmetros constitucionais que dirigem a sua acção (art. 266.º CRP).

Relativamente à investigação dos factos vale, pois, o *princípio da legalidade,* como regra geral ([112]), isto é, caso o seu carácter de bagatelas disciplinares não seja evidente, uma vez que, no conhecido aforismo, hoje legalmente consagrado (art. 87.º, n.º 2, 1.ª parte CPA), *em direito aquilo que é evidente não tem que ser provado.* Essa investigação poderá ser feita quer num processo de inquérito, sindicância ou de meras averiguações (art. 85.º e ss. ED), quer na fase inicial de um procedimento disciplinar.

No direito português, como manifestações do *princípio da legalidade* neste domínio, o ED consagrou, para além do direito de participação ou queixa dos cidadãos em geral (art. 46.º, n.º 1 ED), que podem fiscalizar o destino dado a essas suas iniciativas (art.os

---

([111]) *Supra,* Cap. II, 2.1.

([112]) Cfr. Wolfgang HOFFMANN-RIEM, *Grenzen der Pflicht zur Durchführung von disziplinarrechtlichen Vorermittlungen,* DÖV, ano 31, caderno 21, Novembro de 1987, 781 e ss..

45.º, n.º 3, 69.º, n.º 2 e 75.º, em especial n.ᵒˢ 1 e 7 ED) ([113]), o dever de os agentes administrativos participarem as infracções de que tenham conhecimento (art. 46.º, n.º 2 ED), cuja violação será sancionada com multa (art. 23.º, n.º 2 c) ED). Por seu lado, aos dirigentes ou equiparados, competentes para o levantamento de auto de notícia (art. 47.º ED), cumpre proceder disciplinarmente contra os agentes seus subordinados pelas infracções de que tenham conhecimento, cessando a comissão de serviço caso o não façam (art. 27.º, n.º 1 a) ED).

O *dever de investigar* é, pois, o corolário lógico destes direitos e deveres de participação, encontrando-se também patente, numa fase posterior, no direito de o visado requerer diligências essenciais para o apuramento da verdade (art. 55.º, n.º 3 ED). Mas ele é sobretudo uma imposição dos princípios da legalidade administrativa (art.º 266.º, n.º 2 CRP) e da prossecução do interesse público (art. 266.º, n.º 1 CRP), já que a conformidade da decisão administrativa ao direito depende de uma averiguação cuidadosa e de um bom conhecimento da matéria de facto sobre a qual a mesma versa ([114]), que constituem igualmente, no exercício de um poder discricionário, condição *sine qua non* da adequação do acto administrativo à prossecução do interesse público. Daí o *princípio do inquisitório* (art. 56.º CPA e art.ᵒˢ 36.º, n.º 2, 55.º e 64.º, n.º 2 ED), não ficando a Administração dependente da colaboração probatória das partes. Sem que fique posta em causa, no entanto, a margem de discricionariedade aqui existente: dever de investigar não significa dever de punir.

([113]) Para LEAL-HENRIQUES, trata-se de uma técnica que só faz sentido num contexto legal em que a primazia foi dada ao princípio da legalidade, subtraindo-se à Administração o poder insindicável de agir, ou não, consoante o considere conveniente. Cfr. LEAL HENRIQUES, ob. cit., 151.

([114]) Cfr. Carl Hermann ULE/Hans-Werner LAUBINGER, *Verwaltungsverfahrensrecht,* 3.ª ed., reimpressão, Colónia/Berlim/Bona/Munique, 1992, 5/6 e 164 e ss..

3.1.3. Os princípios constitucionais sobre o exercício do poder administrativo. Em especial, os princípios da proporcionalidade e da igualdade. Outros limites

Na feliz expressão de MAURER, a Lei Fundamental de Bona *pôs o direito administrativo em movimento* [115]. Importa que a CRP lhe siga o exemplo e o estabelecimento de uma série de princípios como verdadeiros parâmetros de toda a decisão administrativa constitui um bom ponto de partida (art. 266.º CRP) [116].

O *princípio da proporcionalidade* (art. 266.º, n.º 2 CRP) é a concretização para o direito administrativo do Estado de direito (art. 2.º CRP), dando-lhe operacionalidade, e assim estabelecendo a conexão, no que respeita à actividade administrativa, entre a legalidade e a adequação aos respectivos fins [117]. A sua vigência neste sector do ordenamento jurídico garante a tutela pelo mesmo de interesses privados, mostrando como é impróprio o conhecido critério do interesse para distinguir entre direito público e privado [118].

É conhecida a origem jurídico-penal do *princípio da proporcionalidade* [119], desde a Lei de Talião, que representou já uma proporcionalidade objectiva pelo dano [120], até à propor-

---

[115] Cfr. Hartmut MAURER, *Allgemeines Verwaltungsrecht,* 6.ª ed., Munique, 1988, 18.

[116] Para alguns autores, a respectiva violação dá origem ao chamado desvio de poder em sentido objectivo. Cfr. BARBOSA DE MELO, *Notas de contencioso comunitário,* Coimbra, 1986, ed. policopiada, 71 e ss..

[117] Cfr. Detlef SCHMIDT, *Die Unterscheidung von privatem und öffentlichen Recht,* Baden-Baden, 1985, 204/205.

[118] Cfr. SCHMIDT, ob. cit., 89.

[119] Cfr. Jose Ignacio LOPEZ GONZALEZ, *El princípio general de proporcionalidad en derecho administrativo,* Sevilha, 1988, 15/16.

[120] Anteriormente à eticização do direito penal, com a consagração do princípio da culpa como fundamento da responsabilidade criminal, isto é, nas ordens jurídicas primitivas, designadamente na germânica, o elemento fundamental desta forma de responsabilidade era o *dano.* Cfr. José FARIA COSTA,

cionalidade da pena relativamente à culpa do infractor, característica do direito penal moderno, hoje temperada pelos fins da ressocialização.

Imperando no que respeita a restrições aos direitos fundamentais (art. 18.º, n.º 2 CRP), o *princípio da proporcionalidade* desenvolveu-se muito, no âmbito do direito administrativo, em sede do direito de polícia ([121]), tendo obtido, na actualidade, consagração constitucional como princípio que preside a toda a actividade administrativa (art. 266.º, n.º 2 CRP).

O recente CPA aproveitou para proceder à respectiva densificação, afirmando textualmente que «as decisões da Administração que colidam com direitos subjectivos ou interesses legalmente protegidos dos particulares só podem afectar essas posições em termos adequados e proporcionais aos objectivos a realizar» (art. 5.º, n.º 2 CPA).

O *princípio da proporcionalidade* impõe que um determinado meio esteja sempre em relação com o respectivo fim, mesmo quando ele é *adequado* à sua realização e, dado não existir qualquer medida menos gravosa, *necessário* também ([122]). O juízo relativo à proporcionalidade de uma medida administrativa envolve a apreciação global e ponderação de todas as consequências do caso concreto. É preciso pôr em confronto os benefícios resultantes do fim a atingir e os prejuízos que irão ser provocados, avaliando-se

---

Aspectos fundamentais da problemática da responsabilidade objectiva no direito penal português, Coimbra, 1981, 15. A Lei de Talião, que hoje parece pavorosa, constituíu uma vitória da generosidade e da justiça, ao pedir apenas «olho por olho e vida por vida», numa época em que «por um olho se pedia a cabeça, por um dedo um braço, e por uma vida cento e vinte». Cfr., citando Giovanni PAPINI, Américo A. TAIPA DE CARVALHO, *Condicionalidade sócio-cultural do direito penal (Análise histórica. Sentido e limites),* Coimbra, 1985, 13 nota (8).

([121]) Cfr. GÜNTHER, ob. cit., 199.

([122]) Cfr. GÜNTHER, ob. cit., 205 e SÉRVULO CORREIA, ob. cit., por ex., 113 e ss..

as vantagens e os inconvenientes [123]. Pode suceder que o meio seleccionado, sendo *adequado* e *necessário,* se apresente, ainda assim, *excessivamente custoso* em comparação com os benefícios que se espera obter da realização do fim estabelecido. Nesses casos, à excepção das situações em que a norma jurídica impõe a realização do fim *custe o que custar* — o que não sucederá em direito disciplinar, onde impera o princípio da oportunidade —, o mal menor consiste em não avançar para a realização do fim proposto [124].

Trata-se de um princípio normativo, que serve de padrão de conduta e é juridicamente vinculativo [125], revestindo a maior importância no controlo jurisdicional dos actos administrativos disciplinares [126]. Assim, por exemplo, o STA decidiu que não ofendia o *princípio da proporcionalidade* a aplicação da medida disciplinar de demissão, ao abrigo da al. a) do n.º 2 do art. 26.º do ED, a um professor que, nas respectivas aulas, desrespeitava gravemente os seus alunos, pondo em perigo a integridade moral e física dos mesmos, uma vez que, conforme ficara provado no procedimento disciplinar, o referido professor aproveitava as aulas para apalpar os alunos [127].

Por sua vez, do *princípio da igualdade,* na conhecida fórmula entre nós constante do n.º 1 do art. 13.º CRP, resulta que cada norma jurídica deve ser aplicada a todas as situações de facto que preencham os seus pressupostos e nunca àquelas que os deixam por preencher. As normas jurídicas, expressão de um dever-ser, são

---

[123] Cfr. BARBOSA DE MELO, *Notas...,* cit., 26/27, e *Direito administrativo II (A protecção jurisdicional dos cidadãos perante a Administração pública),* Coimbra, 1987, ed. policopiada, 83/84.

[124] Cfr., por todos, SÉRVULO CORREIA, ob. cit., 115.

[125] Cfr. José Joaquim Gomes CANOTILHO, *Direito constitucional,* 5.ª ed., Coimbra, 1991, 388.

[126] *Infra,* 1.ª Parte, Cap.II, 3.2.

[127] Cfr. Ac. do STA - 1.ª Secção, de 4 de Outubro de 1989 (caso de Manuel Humberto da Silva Fontes), AD, ano XXXI, n.º 361, 32 e ss..

Do *Procedimento Admin. Disciplinar: As Relações com o Proc. Penal* 61

para cumprir ([128]). Mas num ramo do direito que é dominado pelo princípio da oportunidade e no qual se encontram presentes amplos espaços de conformação administrativa, a igualdade perante a lei, no sentido de aplicação da norma independentemente da pessoa do seu destinatário, tem forçosamente que conhecer algumas dificuldades. Daí que, sem com isto pretender reduzir o princípio da igualdade à *proibição de arbítrio* ([129]), o mesmo funcione neste domínio sobretudo com essa função, ganhando assim até um cunho material ([130]).

O *princípio da igualdade* assume aqui, portanto, um alcance essencialmente negativo, limitando-se a impedir discriminações arbitrárias, isto é, desprovidas de *fundamento material* ([131]), mas não constituindo obstáculo a posições de benevolência motivadas por *critérios empresariais* (ex.: sobrecarga de trabalho) ([132]). Está em jogo um juízo global do comportamento do agente administrativo, de modo que a mesma falta pode dar origem a tratamentos diferentes em função do seu autor. É sabido como o grau de exigência aumenta à medida em que se vai progredindo na escala hierárquica, visto que se entende que essa subida deve ser acompa-

---

([128]) Cfr. Robert ALEXY, *Theorie der Grundrechte,* Francfort, 1986, 358.

([129]) Contra a redução do princípio da igualdade à proibição de arbítrio, Heinrich SCHOLLER, *Die Interpretation des Gleichheitssatzes als Willkürverbot oder als Gebot der Chancengleichheit,* Berlim, 1969.

([130]) Rejeitando a tese segundo a qual o princípio da igualdade não passaria de uma fórmula vazia, de escassa utilidade jurídica, Maria da Glória FERREIRA PINTO, *Princípio da igualdade. Fórmula vazia ou fórmula carregada de sentido?,* BMJ, n.º 358, Julho de 1986, 19 e ss..

([131]) Como afirmou o STA, ainda que não directamente em sede disciplinar, o princípio da igualdade não impede a diferenciação de tratamento quando estejam em causa situações objectivas de funcionários de um mesmo organismo claramente distintas, designadamente quanto ao tempo de serviço e categoria profissional. Cfr. Ac. do STA - 1.ª Secção, de 9 de Outubro de 1990 (caso da Dra. Maria Ângela Fernandes da Cunha), AD, ano XXX, n.º 359, 1209 e ss.. Por outro lado, uma resenha da jurisprudência constitucional portuguesa sobre o princípio da igualdade encontra-se em Jorge MIRANDA, *Manual de direito constitucional,* IV, Coimbra, 1988, 247 e ss..

nhada por um melhor conhecimento quer dos respectivos deveres, quer da importância do seu cumprimento [133]. O contrário, ou seja, o tratamento igual daquilo que é diferente, é que representaria uma violação do *princípio da igualdade* [134]. Sublinhe-se ainda que não há *igualdade no ilícito,* isto é, nenhum agente administrativo pode pretender tratamento idêntico a outro quando a situação deste último foi resolvida em contrariedade ao direito [135]. Solução inversa equivaleria à subversão do princípio da legalidade administrativa, ficando a Administração sem se poder afastar de uma actuação ilícita [136].

Trata-se de um princípio aberto, carecido de uma valoração complementar no caso concreto, contribuindo o precedente, ou seja, a prática disciplinar da organização, acompanhado da obrigatoriedade de fundamentação do acto que decida de modo diferente (art. 124.º, n.º 1 d) CPA), para assegurar a coerência no exercício do poder disciplinar [137], designadamente garantindo o respeito pelas exigências decorrentes do *princípio da igualdade.*

Também a *imparcialidade* (art.ºs 266.º, n.º 2 e 269.º, n.º 1 CRP), com a sua proibição de favoritismos [138], e a justiça (art. 266.º, n.º 2 CRP) são hoje princípios gerais da actividade adminis-

---

[132] Cfr. MENEZES CORDEIRO, ob. cit., 757.

[133] Cfr. HELLFRITZSCH, ob. cit., 57.

[134] Cfr. Ac. do STA - 1.ª Secção, de 1 de Março de 1990 (caso de Maria Domitília Monteiro Fernandes Oliveira), AD, ano XXXI, n.º 362, 168 e ss.. Aliás, a igualdade total (identidade) entre duas situações é logicamente de excluir. A igualdade é sempre parcial. Cfr. Konrad HESSE, *Gundzüge des Verfassungsrechts der Bundesrepublik Deutschland,* 17.ª ed., Heidelberg, 1990, 169.

[135] Cfr. Albert BLECKMANN, *Staatsrecht II – Die Grundrechte,* 3.ª ed., Colónia/Berlim/Bona/Munique, 1989, 579/580.

[136] Cfr. Günter PÜTTNER, *Vertrauensschutz im Verwaltungsrecht,* VVDStRL, caderno 32, Berlim/Nova Iorque, 1974, 200 e ss., 214.

[137] Cfr., no direito laboral, António de Lemos MONTEIRO FERNANDES, *Direito do trabalho,* I, 7.ª ed., Coimbra, 219 nota (2) e 469/470.

[138] Cfr. SÉRVULO CORREIA, *Noções de direito administrativo,* I, Lisboa, 1982, 254.

Do Procedimento Admin. Disciplinar: As Relações com o Proc. Penal 63

trativa. Por força deste último princípio não poderá, por exemplo, ser aplicada uma medida disciplinar expulsiva quando o fraco rendimento revelado pelo agente administrativo se deve a doença provocada pelas funções exercidas ([139]). Num importante Acórdão, o STA considerou que a conduta da Administração, autorizando um agente interino a ausentar-se e, depois, porque tal autorização era ilegal, a extrair dessa ausência efeitos prejudiciais para o autorizado, violava o *princípio da justiça* ([140]). Trata-se, contudo, de uma situação que se enquadra melhor na *tutela da confiança* ([141]) imposta pelo *princípio da boa fé* ([142]), princípio geral de direito que igualmente aqui importa ter presente ([143]). Por último, refira-se como a celeridade característica da reacção disciplinar faz aumentar o risco da violação dos *direitos fundamentais* ([144]), muito

---

([139]) Exemplo clássico da jurisprudência italiana citado por Allan R. BREWER CARIAS, *Estado de derecho y control judicial,* Alcala de Henares-Madrid, 1987, 532.

([140]) Cfr. Ac. do STA - Trib. Pleno, de 6 de Junho de 1984 (caso de Antónia de Jesus Aurélio), AD, ano XXV, n.° 289, Janeiro de 1986, 62 e ss.. O STA tem hoje por adquirido que a inobservância do princípio da justiça no acto administrativo cabe no âmbito do contencioso de legalidade. Cfr. Ac. do STA - 1.ª Secção, de 26 de Setembro de 1989 (caso de Elisa Maria Ramos Craveiro Coelho Proa), BMJ, n.° 380 e ss., 382.

([141]) Para além do já citado estudo de PÜTTNER, e igualmente com interesse, Gunter KISKER, *Vertrauensschutz im Verwaltungsrecht,* VVDStRL, caderno 32, Berlim/Nova Iorque, 1974, 149 e ss..

([142]) Cfr. MENEZES CORDEIRO, ob. cit., 755.

([143]) Sobre a penetração do princípio da boa fé no direito administrativo, MENEZES CORDEIRO, *Da boa fé no direito civil,* I, Coimbra, 1984, 383 e ss.. V. também Jesus GONZALEZ PEREZ, *El princípio general de la buena fe en derecho administrativo,* 2.ª ed., Madrid, 1989. Na nossa jurisprudência, Ac. do STA - 1.ª Secção, de 11 de Fevereiro de 1988 (caso de João Manuel Paixão), BMJ, n.° 374, Março de 1988, 301 e ss..

([144]) O art. 18.° CRP consagra o primado dos direitos fundamentais, que limitam a própria vontade da maioria, constituindo a verdadeira *fronteira da democracia,* na conhecida expressão de Rainer WAHL, *Constitutionalism, in Reports on German Public Law/XIII.[th] Internacional Congress of Comparative Law, Montréal, 1990 (ed. Bernhardt/Beyerlin),* Heidelberg, 1990, 85 e ss., 97.

concretamente dos *direitos de audiência e defesa* ([145]) em procedimento disciplinar (art. 269.°, n.° 3 CRP), também eles um limite à decisão administrativa.

3.2 O CONTROLO JURISDICIONAL

Em sede de controlo jurisdicional do acto administrativo disciplinar, cabe ao tribunal verificar se foram respeitadas as normas que regem o respectivo procedimento, aferindo da existência de nulidades por força da «falta de audiência do arguido em artigos de acusação nos quais as infracções sejam suficientemente individualizadas e referidas aos correspondentes preceitos legais» (art. 42.°, n.° 1 ED), bem como devido à «omissão de diligências essenciais para a descoberta da verdade» (idem) ([146]), uma vez que «as restantes nulidades consideram-se supridas se não forem reclamadas pelo arguido até à decisão final» (art. 42.°, n.° 2 ED). Insista-se no facto de a violação dos *direitos fundamentais de audiência*

([145]) O STA já afirmou que o direito de defesa em procedimento disciplinar envolve o direito do agente administrativo visado consultar os documentos necessários à efectivação da sua defesa. Cfr. Ac. do STA - 1.ª Secção, de 10 de Janeiro de 1989 (caso de Maria do Rosário Neves Ferro), AD, ano XXIX, n.° 342, 744 e ss.. Por seu lado, o TC considerou que o direito de defesa em procedimento disciplinar, constitucionalmente garantido (art. 269.°, n.° 3 CRP), não abarca necessariamente a assistência de defensor, podendo suceder que num procedimento disciplinar militar circunstâncias extraordinárias exijam que a aplicação da competente medida se processe de imediato. Cfr. Ac. do TC n.° 90/88, de 19 de Abril de 1988 (processo n.° 149/84), BMJ, n.° 376, Maio de 1988, 244 e ss.. Veja-se a declaração de voto de vencido do Conselheiro Raúl MATEUS, peremptório em afirmar que mesmo, por exemplo, em campanha, se há condições mínimas para se iniciar, instruir e decidir um procedimento disciplinar, será também possível a participação do defensor do visado, o qual poderá simplesmente ser outro militar.

([146]) Para além de garantia do direito de defesa, trata-se de uma forma de controlo judicial da não violação, pelos competentes órgãos administrativos, do princípio do inquisitório a que se encontram submetidos.

e defesa em procedimento disciplinar (art. 269.º, n.º 3 CRP) acarretar a nulidade do acto administrativo (art. 133.º, n.º 2 d) CPA), uma vez que o STA nem sempre assim o tem entendido ([147]).

Em seguida, há que efectuar o chamado *controlo da materialidade dos factos,* isto é, verificar se os mesmos se produziram efectivamente. A regra do não conhecimento da matéria de facto pelo STA há muito que conhece excepções no domínio dos recursos de decisões disciplinares. Assim, mesmo na vigência do art. 20.º da LOSTA, sempre o referido Tribunal conheceu dos factos estabelecidos no procedimento disciplinar quando os mesmos provavam a existência do alegado desvio de poder, quando a lei fixava expressamente as condições de existência ou elementos constitutivos da infracção disciplinar e também todas as vezes que o conhecimento dos factos fosse indispensável para fazer a sua correcta qualificação jurídica ([148]).

Afastada, por força da garantia de recurso contencioso introduzida pelo n.º 21 do art. 8.º da Constituição de 1933, aditado na Revisão constitucional de 1971, a impossibilidade de o STA conhecer da existência material das faltas até aí imposta pelo referido art. 20.º da LOSTA ([149]), o STA vem conhecendo da materialidade dos factos dados por assentes em procedimento disciplinar, ora declarando que a prova que serviu de base à aplicação de uma medida disciplinar não tem qualquer apoio nos procedimentos administrativos instrutores ([150]), ora afirmando –

([147]) Cfr. Ac. do STA - 1.ª Secção, de 2 de Março de 1990 (caso de José Manuel Rafael Luís), AD, ano XXXI, n.º 365, 604 e ss..

([148]) Cfr. CAETANO, ob. cit., 1339.

([149]) Cfr. André GONÇALVES PEREIRA, *A garantia de recurso contencioso no texto constitucional de 1971, in Estudos de direito público em honra do Professor Marcello Caetano,* Lisboa, 1973, 241 e ss., 247/248. Na jurisprudência, Ac. do STA - Trib. Pleno, de 17 de Dezembro de 1980 (caso de João Teixeira de Carvalho Lunet Ferrreira), AD, ano XX, n.º 233, 637 e ss., 642.

([150]) Cfr. Ac. do STA - 1.ª Secção, de 15 de Março de 1990 (caso de Teresa da Conceição Xavier Vieira), AD, ano XXX, n.º 349, 15 e ss..

por força dos princípios da presunção de inocência e do *in dubio pro reo,* que aqui desempenham um importante papel ([151]) – a impossibilidade de se punir disciplinarmente com base em simples presunção, sem que tenha ficado suficientemente esclarecido que o agente administrativo em questão haja violado os deveres a cujo cumprimento se encontra adstrito ([152]).

Uma vez comprovada a ocorrência dos factos, caberá então ver se eles são de natureza a justificar a decisão, ou seja, se configuram, ou não, uma infracção disciplinar. É o *controlo da qualificação dos factos.* Segue-se-lhe o *controlo da adequação da decisão aos factos,* apurando qual a medida que melhor lhes assenta ([153]). O princípio da proporcionalidade desempenha neste ponto um papel de relevo, permitindo penetrar no âmago da decisão administrativa ([154]), por forma a controlar a conformidade entre a actividade da Administração e os fins que a justificam.

É a este respeito paradigmático o seguinte Acórdão do STA. Um médico vinha efectuando consultas particulares num consultório pertencente a um Centro de Saúde, utilizando nas mesmas, e também nas consultas que dava no seu consultório particular, impressos de receitas e elementos auxiliares de diagnóstico dos Serviços de Saúde. Foi-lhe, por isso, aplicada a medida disciplinar de aposentação compulsiva, subsumindo-se as enunciadas condutas, respectivamente, aos preceitos constantes dos art.ᵒˢ 26.º, n.º 4 b) e 25.º, n.º 2 g) do ED. Entendeu o STA que tais actuações traduziam apenas «uma negligência e má compreensão dos deveres funcionais» (art. 23.º, n.º 1 ED), à qual corresponde a aplica-

---

([151]) Sobre a aplicação subsidiária no procedimento disciplinar das normas e princípios do direito processual penal, *infra,* 2.ª Parte, Cap. I.

([152]) Cfr. Ac. do STA - 1.ª Secção, de 13 de Abril de 1989 (caso de Adão Lourenço), AD, ano XXIX, n.º 339, 331 e ss..

([153]) Distinguindo entre *controlo da qualificação dos factos* e *controlo da adequação de uma decisão aos factos,* SÉRVULO CORREIA, *Legalidade...,* cit., 73/74 nota (120).

([154]) SÉRVULO CORREIA, *Legalidade...,* cit., 75.

Do Procedimento Admin. Disciplinar: As Relações com o Proc. Penal   67

ção de multa, anulando, em conformidade, o despacho recorrido ([155]).

No direito privado, sem as apertadas malhas do recurso contencioso de anulação, PINTO MONTEIRO admite que o tribunal, sendo negativo o seu juízo sobre o carácter proporcionado da sanção escolhida, reduza, com base no disposto pelo art. 812.º CC, a *medida* dessa sanção, dentro do *tipo* escolhido, em lugar de declarar a respectiva nulidade. O juiz poderá, por exemplo, reduzir de dez para cinco dias a suspensão do trabalho com perda de retribuição aplicada pela entidade patronal a um seu trabalhador. Ao tribunal só estará vedado *substituir* a sanção aplicada por outra ([156]).

Viu-se atrás ([157]) como, não existindo discricionariedade quanto ao conteúdo da decisão disciplinar, a Administração goza, neste domínio, de discricionariedade de acção *(princípio da oportunidade),* acompanhada de uma margem de *conformação* bastante ampla ([158]), dada a frequente utilização pelo legislador de conceitos indeterminados de tipo valorativo, cuja aplicação a um caso concreto implica amiúde um juízo de prognose relativamente à conduta futura do agente administrativo visado no desempenho das suas funções. Ora se a interpretação em abstracto dos referidos

---

([155]) Cfr. Ac. do STA - 1.ª Secção, de 23 de Maio de 1989 (caso do Dr. Manuel Alves da Piedade), AD, ano XXVIII, n.º 336, 1513 e ss..

([156]) Cfr. António PINTO MONTEIRO, *Cláusula geral e indemnização,* Coimbra, 1990, 160/161 nota (353). O STA tem entendido que o facto de não poder substituir-se à Administração na concretização da medida da sanção disciplinar não impede que lhe seja «possível sindicar a ilegalidade da decisão punitiva na medida em que ofenda critérios gerais de individualização e graduação estabelecidos na lei ou que saia dos limites normativos correspondentes ou que não meta em linha de conta as circunstâncias que militam contra ou a favor do arguido». Cfr. do STA - 1.ª Secção, de 9 de Março de 1989 (caso José Jacinto Beato Ferreira), AD, ano XXIX, n.º 338, 191 e ss..

([157]) *Supra,* Cap. II, 3.

([158]) Mais uma vez se emprega a expressão de VIEIRA DE ANDRADE, ob. cit., 372.

conceitos jurídicos indeterminados é globalmente revisível pelo juiz administrativo, já na aplicação dos mesmos aos diferentes casos a última palavra terá muitas vezes de pertencer à Administração, sob pena de se ultrapassar a fronteira do controlo jurisdicional da legalidade da actividade administrativa, encetando-se um verdadeiro controlo de mérito [159]. A peculiar posição do superior hierárquico relativamente ao destinatário do acto administrativo disciplinar torna o primeiro especialmente capaz para avaliar a conduta e aptidão funcional deste último, facto que, apesar das pesadas implicações da decisão para o visado, pode fundamentar alguma imunidade ao respectivo controlo jurisdicional [160].

O órgão competente para decidir tem, isso sim, o *dever de fundamentar* a subsunção que efectuou (art. 268.º, n.º 3 CRP e art. 124.º, n.º 1 a) CPA) [161], sendo certo que dever de fundamentar não implica necessariamente controlo judicial, antes pressupõe a plena autonomia da função administrativa [162]. Joga-se aqui o *princípio da separação de poderes,* entendendo-se hoje que todas as funções do Estado são igualmente necessárias à existência de uma comunidade de direito, não permitindo a indispensável *complementariedade* e *equilíbrio* entre as mesmas, garantia da liberdade do cidadão, a maximização de uma – seja ela a jurisdicional – em detrimento das restantes [163].

---

[159] Sobre a questão no direito laboral, LOBO XAVIER, *Curso de direito do trabalho,* cit., 493 e 521/513.

[160] Cfr. Fernando AZEVEDO MOREIRA, *Conceitos indeterminados: sua sindicabilidade contenciosa,* RDP(P), ano I, n.º 1, Novembro de 1985, 15 e ss., 70/71/72, distinguindo entre os casos em que o acto definitivo e executório foi praticado pelo imediato superior hierárquico do agente administrativo cuja conduta se apreciava e aqueles em que tal não sucedeu, situações estas nas quais cumpre verificar se o autor do acto se limitou, ou não, a seguir o sentido da informação de referido superior hierárquico.

[161] Cfr. Klaus STERN, *Verwaltungsprozessuale Probleme in der öffentlich-rechtlichen Arbeit,* 6.ª ed., Munique, 1987, 190.

[162] Cfr. VIEIRA DE ANDRADE, ob. cit., 399.

[163] Cfr. BARBOSA DE MELO, *Notas...,* cit., 7 e ss..

Do Procedimento Admin. Disciplinar: As Relações com o Proc. Penal

Por último, insista-se em que se deve considerar definitivamente ultrapassada a limitação da sindicabilidade judicial da decisão disciplinar aos casos de desvio de poder ([164]), nos termos do já conhecido art. 20.º da LOSTA, algo que não só é incompatível com a garantia constitucional de recurso contencioso ([165]), como não encontra qualquer correspondência no vigente regime legal do poder disciplinar administrativo, que apenas consagra o princípio da oportunidade, não sendo discricionário o conteúdo do acto administrativo disciplinar.

([164]) Valem aqui as considerações feitas a propósito do art. 19.º da LOSTA por FREITAS DO AMARAL, *Direito administrativo,* II, cit., 158 e ss.. Como exemplos de desvio de poder retirados da nossa jurisprudência, temos a aplicação de uma medida disciplinar por influência de terceiro que pretendia o lugar para si ou para apaniguados seus, ou por perseguição política e profissional. Cfr. Alfredo Mendes de ALMEIDA FERRÃO, *Questões prévias e prejudiciais no contencioso administrativo,* Coimbra, 1958, 215.

([165]) Cfr. GONÇALVES PEREIRA, ob. e loc. cits., esp. 249 e ss.. Na jurisprudência, Ac. do STA - Trib. Pleno, de 22 de Abril de 1986 (caso de Luís Teixeira Laranjeira e outro), AD, ano XXV, n.º 300, 1548 e ss..

CAPÍTULO III

CONCLUSÕES DA 1.ª PARTE

Uma vez que não é ainda chegada a altura para alinhar as principais ideias defendidas neste trabalho, o momento servirá sobretudo para salientar duas notas: em primeiro lugar, o papel de *garantia* dos direitos e interesses dos próprios agentes administrativos cumprido pelo direito disciplinar; em seguida, a sua *autonomia*.

Para além de tutelar a capacidade funcional da Administração, através da manutenção da integridade e eficiência ao nível do corpo de agentes administrativos, o direito disciplinar da função pública, nas suas vertentes material e processual, desempenha igualmente, como é característico do direito administrativo em geral, um importante papel de *garantia* dos direitos e interesses dos agentes administrativos ([166]). Assim, por força da existência do direito

---

([166]) Dessa função *garantística* resulta, por exemplo, que tendo sido interposto recurso administrativo do acto de aplicação de uma medida disciplinar, esta só pode ser agravada ou substituída por outra mais severa em resultado de recurso do participante (art. 75.º, n.º 7 ED). O direito alemão prevê mesmo a possibilidade de um agente administrativo solicitar a abertura de um processo disciplinar contra si próprio – é o chamado *Selbstreinigungsverfahren (processo de ilibação pessoal,* na tradução de FAUSTO QUADROS, ob. cit., 331 nota (431)), consagrado pelo § 34.º BDO, o qual não põe em causa o conhecido princípio da oportunidade. Cfr. BEHNKE, ob. cit., 360. Entre nós, para além da recente defesa da possibilidade de o funcionário solicitar a instauração de um procedimento disciplinar contra si mesmo avançada, mas sem discutir ou justificar, por NUNO

disciplinar, a relação de emprego só cessará, fora dos casos em que tal seja vontade do agente administrativo, pela prática de uma infracção disciplinar grave e após o correcto exercício do poder disciplinar ([167]). O conteúdo da decisão disciplinar não é discricionário, antes condicionado, por exemplo, pelos normativos legais que limitam a aplicação de determinadas medidas disciplinares à prática de certas infracções, em função da sua gravidade, assegurando a proporcionalidade entre a sanção e a infracção (art. 22.º e ss. ED).

Entende-se hoje que o procedimento administrativo condiciona o *se* e o *como* da decisão administrativa, que dirige, constituindo, por isso, ao lado do direito material, uma das suas premissas ou pressupostos ([168]). As exigências de uma adequada prossecução do interesse público impõem o procedimento no domínio da actividade administrativa, assistindo-se à respectiva processualização. Especialmente aqui: onde há conflito de interesses é sempre necessário o formalismo, como forma de evitar o arbítrio ([169]).

Os agentes administrativos não são meros objectos da repressão disciplinar, antes assumindo um papel activo no desenvolvimento do respectivo procedimento, que lhes concede importantes

---

DE SOUSA (ob. cit., 333), é comum reconhecer-se a faculdade de o agente pedir um inquérito aos seus actos, concedendo o art. 99.º, n.º 3 EOA ao advogado o direito de requerer a continuação do procedimento disciplinar contra si instaurado no caso de prescrição. Fica também a pergunta: caberá no âmbito da acção para o reconhecimento de um direito ou interesse legítimo (arts. 268.º, n.º 5 CRP e 69.º e ss. LPTA) a declaração de que determinada conduta de um agente administrativo não constitui ilícito disciplinar? Ou melhor: o contencioso administrativo abarca uma acção declarativa de simples apreciação para o referido efeito? Julgo que sim. V. o exemplo da acção declarativa de condenação subjacente ao Ac. do STA - 1.ªSecção, de 14 de Maio de 1991 (caso de Maria Eugénia de Sousa Brito), AD, ano XXXII, n.º 374, 150 e ss..

([167]) Cfr. CLAUSSEN/JANZEN, ob. cit., 15 /16.

([168]) Cfr. Walter SCHMIDT, *Einführung in die Probleme des Verwaltungsrechts,* Munique, 1982, 86/87. Sobre a actual *revalorização do direito das formas,* VIEIRA DE ANDRADE, ob. cit., 184 e ss. e 314/315.

([169]) Cfr. BARBOSA DE MELO, *Notas...,* cit., 111.

Do Procedimento Admin. Disciplinar: As Relações com o Proc. Penal 73

garantias de defesa, de modo a poderem influenciar o seu resultado. Aliás, só assim o procedimento disciplinar pode cumprir a sua função legitimadora do acto administrativo disciplinar ([170]).

Por isso, o direito disciplinar material, à semelhança do criminal, apenas se pode realizar através do respectivo procedimento, que é condição *necessária* para que possa ter lugar a aplicação de uma medida disciplinar. Mal andou o nosso legislador ao afirmar que a repreensão escrita é aplicada sem dependência de processo (art. 38.º, n.º 2 ED). O que não tem lugar é tão-só a tramitação processual comum, não negando o próprio artigo que haja um procedimento mínimo, de modo a assegurar os direitos de audiência e defesa do visado (art. 269.º, n.º 3 CRP e art. 42.º, n.º 1 ED) ([171]).

Também no direito disciplinar da função pública se está perante o *calcanhar de Aquiles* do direito público moderno ([172]): permanente harmonização entre as exigências impostas pela prossecução do interesse público e as limitações necessárias à garantia dos direitos dos particulares, no caso agentes administrativos. O facto de o poder disciplinar ser instituído em proveito da Administração não impede que as normas de direito disciplinar – quer material, quer processual – protejam também os interesses dos agentes administrativos.

Eis chegada a altura de indagar àcerca da *autonomia* do direito disciplinar da função pública, questão que não é desprovida de

---

([170]) Para ZIPPELIUS, a tese da *legitimação pelo procedimento,* a que se encontra associado o nome Niklas LUHMANN, mais não é do que a moderna expressão da velha máxima de HOBBES, segundo a qual *Authoritas, non veritas, facit legem,* que esteve na base da substituição do direito natural pelo direito positivo, obtido através do processo legislativo estadual. Cfr. ZIPPELIUS, *Grundbegriffe der Rechts-und Staatssoziologie,* 2.ª ed., Munique, 1991, 45.

([171]) Neste sentido FERREIRA PINTO, *A disciplina na função pública,* texto de uma conferência gentilmente cedido pela A., 50/51. Na jurisprudência, Ac. do STA-1.ª Secção, de 28 de Junho de 1990 (caso do Dr. Rafael Albano de Oliveira Moreira), AD, ano XXX, n.º 359, 1250 e ss..

([172]) A expressão é de FREITAS DO AMARAL, *Governos de gestão,* Lisboa, 1985, 11.

consequências práticas, nomeadamente quanto à integração de lacunas. Cabe então distinguir os vários planos em que a referida autonomia se pode desdobrar, a saber: *autonomia legislativa, didáctica, substancial ou científica e teleológica ou institucional* ([173]).

As duas primeiras, ou seja, a autonomia *legislativa,* por um lado, e a autonomia *didáctica,* por outro, não oferecem dificuldades de maior. Assim, não há dúvida que existem leis próprias — o ED —, sendo igualmente certo que se trata de matéria ausente do ensino do direito nas nossas Faculdades.

Do mesmo modo, a *autonomia substancial ou científica* deste ramo do direito, ou seja, a existência de conceitos, princípios e institutos próprios do mesmo, de que decorrem as respectivas soluções diferenciadas, é facilmente comprovável. Bastará recordar a especificidade da infracção disciplinar enquanto infracção *formal,* consistindo na violação de deveres, e *atípica,* englobando diversos factos, os quais podem consubstanciar violações de distintos deveres, por força do conhecido *princípio da unidade da infracção,* que postula um juízo global de todo o comportamento do agente administrativo, diferentemente do que sucede no crime continuado, onde é determinante a conduta mais grave. Também características deste ramo do direito são as *medidas disciplinares,* com as suas finalidades típicas de *prevenção especial ou correcção,* motivando o agente administrativo para o cumprimento, no futuro, dos seus deveres.

Mas tudo isto é apenas sinal ou indício da reivindicada *autonomia,* a qual terá de ser procurada no plano *teleológico ou institucional* ([174]), isto é, de autonomia do ilícito disciplinar, designadamente na sua dimensão material, de protecção da capacidade funcional da Administração pública, como resulta do catá-

---

([173]) Emprega-se a terminologia de António BRAZ TEIXEIRA, *Princípios de direito fiscal,* Coimbra, 1979, 21 e ss..

([174]) Cfr. BRAZ TEIXEIRA, ob. cit., 26.

logo de deveres constante dos n.ᵒˢ 3 e 4 do art. 3.º ED, que obrigam os agentes administrativos a bem mais do que ao mero cumprimento da legalidade administrativa.

Fica, pois, explicitada a *autonomia* do direito disciplinar da função pública, que aliás será sempre relativa, por força da sua integração no direito administrativo, sem que tal impeça, no entanto, o tratamento autónomo do primeiro ([175]). À autonomia do direito disciplinar material corresponde a autonomia do respectivo procedimento. Em seguida, irão ser estudadas as relações, no direito português vigente, entre o procedimento disciplinar e o processo penal ([176]), por forma a determinar *se* e *em que medida* este último influencia o primeiro, sobretudo quando ambos versam sobre o mesmo facto, pondo assim em causa, ou não, a dita autonomia.

([175]) No mesmo sentido, relativamente à integração do direito fiscal no direito financeiro, António de SOUSA FRANCO, *Direito financeiro* e *Direito fiscal,* DJAP, IV, Lisboa, 1991, respectivamente, 56 e ss., 59 e 61 e ss., 61.

([176]) Utiliza-se preferencialmente as expressões *procedimento disciplinar* e *processo penal,* uma vez que mesmo aqueles que dão por ultrapassada a distinção entre *procedimento* e *processo* (cfr. Paulo FERREIRA DA CUNHA, *O procedimento administrativo (Estrutura),* Coimbra, 1987, 59 e ss. e 96 e ss.), acabam por a manter. Por seu turno, distinguindo entre *procedimento administrativo* e *processo administrativo,* o recente CPA (art. 1.º) afirma que se entende pelo primeiro a «sucessão ordenada de actos e formalidades tendentes à formação e manifestação da vontade da Administração pública ou à sua execução», enquanto o segundo significa «o conjunto de documentos em que se traduzem os actos e formalidades que integram o procedimento administrativo».

2.ª PARTE

AS RELAÇÕES ENTRE O PROCEDIMENTO DISCIPLINAR E O PROCESSO PENAL NO DIREITO PORTUGUÊS VIGENTE

CAPÍTULO I

O PROBLEMA EM GERAL: O PROCESSO PENAL COMO DIREITO SUPLETIVO

1. OS ARTS. 9.º e 35.º, N.º 4 DO ED E O ART. 2.º, N.ºˢ 4 e 6 DO CPA

Importa começar por trazer à colação algumas normas do ED. Em primeiro lugar, o art. 9.º, nos termos do qual são de aplicar as disposições do CP em tudo aquilo que não estiver regulado no ED relativamente à suspensão ou demissão por efeito de pena imposta nos tribunais competentes. Em seguida, o n.º 4 do art. 35.º, que concede ao instrutor de um procedimento disciplinar a faculdade de, nos casos omissos, adoptar as providências convenientes para a descoberta da verdade, em conformidade com os princípios gerais do direito processual penal.

Encontram-se igualmente no ED remissões para normativos do CPP ([177]), como, por exemplo, no n.º 4 do art. 60.º, que, dispondo sobre o caso de o agente administrativo visado se encontrar incapacitado de organizar a sua defesa, por motivo de anomalia mental devidamente comprovada, manda seguir os termos das aplicáveis normas do CPP, com as devidas adaptações. Já no art.

([177]) Segundo o art.º 4.º do DL 78/87, de 17 de Fevereiro, que aprovou o vigente CPP, «consideram-se efectuadas para as correspondentes disposições do presente Código de Processo Penal as remissões feitas em legislação avulsa para o Código anterior».

62.º do ED, sobre confiança do processo, a remissão é feita para os competentes preceitos do CPC.

Por seu lado, o recente CPA afirma que os princípios gerais por si estabelecidos se aplicam a toda a actuação da Administração (art. 2.º, n.º 4 CPA), prevendo também a aplicabilidade das suas normas, a título supletivo, aos procedimentos especiais, desde que tal não envolva diminuição das garantias dos particulares (art. 2.º, n.º 6 CPA).

2. A DOUTRINA

Marcello CAETANO definia o procedimento disciplinar como um processo administrativo gracioso de tipo sancionador e de investigação sumária. Partindo deste último elemento da sua definição, ou seja, do carácter sumário da investigação a ser efectuada, afirmava então que a lei, tendo traçado o modelo de procedimento disciplinar a seguir, admitia que o mesmo não fosse rigorosamente observado, com vista a evitar embaraços ou demoras à reacção disciplinar. A própria forma dos actos processuais, quando não legalmente prescrita, era deixada ao critério do investigador. Daí que o referido Professor, interpretando as normas legais ao tempo vigentes, afirmasse ser compreensível que o legislador não tivesse considerado subsidiárias das normas do procedimento disciplinar as leis relativas a outros processos, antes tendo determinado que, nos casos omissos, o instrutor procedesse pelo modo que se lhe afigurasse conveniente para o apuramento da verdade. Pelas mesmas razões, Marcello CAETANO insistia em que o padrão a seguir, quando necessário, seria de procurar nos outros procedimentos administrativos, designadamente nos sancionadores, e não nos processos jurisdicionais, especialmente nos de tipo dispositivo, devendo também evitar-se a tendência para recorrer ao processo criminal [178].

---

[178] Cfr. CAETANO, ob. cit., 833 a 835.

Diferentemente, Vítor FAVEIRO admitia a aplicação supletiva do CPP, por forma a garantir a legalidade da aplicação das sanções disciplinares, a qual, em seu entender, não podia deixar de entroncar nos princípios gerais de direito punitivo e no correspondente direito processual [179].

Na actualidade, LEAL-HENRIQUES, em anotação ao art. 9.º ED, começa por reconhecer a moderna independência do direito disciplinar relativamente ao criminal, com integração plena do primeiro no direito administrativo, o que leva, na sua opinião, a que se deva dar preferência ao ordenamento administrativo em sede de integração de lacunas no procedimento disciplinar, sem menosprezo, porém, para o ordenamento sancionatório por excelência, que é o penal. Mas logo afirma que, no que respeita aos aspectos processuais, por expressa remissão do n.º 4 do art. 35.º ED, são de aplicar os princípios gerais de direito processual penal nos casos omissos em matéria de recolha de elementos no processo disciplinar, sempre que isso se mostre conveniente para a descoberta da verdade [180].

É a propósito desse mesmo n.º 4 do art. 35.º ED que este Autor remata o seu pensamento na matéria. Para si, do conjunto do ED pode concluir-se que o legislador disciplinar, embora o não tenha afirmado expressamente, pretendeu resolver os casos omissos de natureza processual pela forma seguinte: 1.º – normas de processo penal; 2.º – normas de processo civil, porque subsidiárias do processo penal; 3.º – princípios gerais do processo penal. Assim se respeitará também o preceituado pelo art. 4.º do CPP [181].

---

[179] Cfr. FAVEIRO, ob. cit., 24/25, 106 e 128.

[180] Cfr. LEAL-HENRIQUES, ob. cit., 59.

[181] Cfr. LEAL-HENRIQUES, ob. cit., 120. É igualmente no diposto pelo n.º 4 do art. 35.º ED que COSTA PIMENTA fundamenta a subsidiariedade do direito processual penal relativamente ao procedimento disciplinar. Cfr. COSTA PIMENTA, ob. cit., 38/39.

3. A JURISPRUDÊNCIA DO STA

A aplicação subsidiária do direito processual penal ao procedimento disciplinar, desde logo das regras e princípios para o primeiro constitucionalmente estabelecidos, de que são bons exemplos os princípios da presunção de inocência e do *in dubio pro reo* (art. 32.º, n.º 2 CRP), tem sido uma constante na jurisprudência do STA. Para além dos Acórdãos citados aquando da análise do controlo jurisdicional dos actos administrativos disciplinares ([182]), refira-se um outro, no qual o STA afirmou que o princípio da presunção de inocência, que entre nós obteve consagração constitucional no domínio do direito e processo penal, é um verdadeiro princípio geral de direito, a ser respeitado em todo e qualquer processo de tipo sancionatório, designadamente no procedimento disciplinar, sob pena de violação dos direitos fundamentais de liberdade e integridade moral (respectivamente, arts. 27.º e 25.º CRP). Por isso, é a Administração que tem de provar os factos constitutivos da infracção imputada ao agente administrativo contra o qual foi instaurado um procedimento disciplinar ([183]).

O STA tem também deixado claro que, à semelhança do que sucede no processo penal, onde a posição do arguido se diferencia da dos declarantes e das testemunhas, por forma a que o arguido não tem o dever de colaborar com o juiz, não sendo designadamente obrigado a prestar declarações e, quando livremente o faz, podendo faltar à verdade, não se lhe impondo auto-incriminação, do mesmo modo no procedimento disciplinar o agente administrativo visado assume a posição de sujeito processual, não constituindo infracção disciplinar as suas falsas declarações sobre factos susceptíveis de integrar a acusação ([184]).

([182]) *Supra,* 1.ª Parte, Cap. II, 3.2.

([183]) Cfr. Ac. do STA - 1.ª Secção, de 21 de Abril de 1988 (caso de Rosa da Purificação dos Santos Carvalho), AD, ano XXVII, n.ºs 320/321, 1045 e ss..

([184]) Cfr. Ac. do STA - 1.ª Secção, de 19 de Julho de 1984 (caso de Maria Delfina Rosa Floxo Contente de Sousa), AD, ano XXIV, n.º 281, 510 e ss., e Ac.

Reafirmando a subsidariedade do processo penal relativamente ao procedimento disciplinar, o STA chegou mesmo a decidir que, em procedimento disciplinar, podendo certas notificações ser feitas ao mandatário judicial constituído, não têm de o ser, bastando a notificação do próprio agente administrativo em causa, à semelhança do que é característico do processo penal, por oposição ao civil ([185]). Porque «tanto no processo penal como no disciplinar o interesse pessoal do réu ou arguido justifica que se não siga um regime próprio de lides em que estão em confronto interesses de pessoas colocadas no mesmo plano e não, como naqueles outros, em que o visado está sujeito a um poder público que tem que ser exercido com fundamental consideração da sua pessoa» ([186]). Isto é: com fundamento na maior proximidade do procedimento disciplinar relativamente ao processo penal, citando a propósito o preceituado pelo n.º 4 do art. 35.º ED, o STA considerou que a aplicação do art. 113.º, n.º 5 CPP afastava o disposto pelo art. 253.º, n.º 1 CPC.

4. POSIÇÃO ADOPTADA

As expressas remissões do legislador disciplinar para normativos do CPP ou do CPC não levantam quaisquer problemas ao intérprete. As dificuldades surgem, isso sim, perante os casos omissos, revestindo a determinação do direito supletivo o maior alcance prático.

---

do STA - 1.ª Secção, de 31 de Outubro de 1990 (caso do Dr. José Alberto da Cunha Oliveira), AD, ano XXX, n.ºs 356/357, 956 e ss..

([185]) Trata-se do Ac. do STA - 1.ª Secção, de 10 de Novembro de 1989 (caso de Alfredo Manuel do Sacramento de Assis Cirne), AD, ano XXX, n.º 351, 320 e ss..

([186]) Cfr. Ac. cit. na nota anterior, loc. cit., 326.

([187]) É a solução do direito alemão – § 25.º BDO. Cfr. CLAUSSEN/JANZEN, ob. cit., 236/237, e LINDGEN, ob. cit., II, Berlim, 1968, 2 e 4.

Como o procedimento disciplinar é um procedimento administrativo especial, de natureza sancionatória, cumpre, em primeiro lugar, no processo de integração de lacunas, esgotado o recurso à analogia dentro do próprio direito processual disciplinar, fazer apelo às *normas e princípios do procedimento administrativo em geral,* entre nós objecto de recente codificação. Recorde-se o disposto pelo CPA, segundo o qual os princípios gerais por si estabelecidos se aplicam a toda a actuação da Administração (art. 2.º, n.º 4 CPA), sendo igualmente de aplicar as suas normas, a título supletivo, aos procedimentos especiais, desde que tal não envolva diminuição das garantias dos particulares (art. 2.º, n.º 6 CPA).

Só em seguida se recorrerá às *normas e princípios do direito processual penal,* que é, de todos os regimes jurídico-processuais, aquele que revela maior apuramento no plano das garantias de defesa. O CPP não será, assim, aplicável de forma automática, pondo em causa a autonomia do procedimento disciplinar sem qualquer ganho para os direitos de defesa, mas apenas na medida em que não vá contra a especificidade do procedimento disciplinar ([187]). A vertente estatutária do direito administrativo impede a aplicação doutros ramos sempre que a mesma seja excluída por normas ou princípios próprios do primeiro ([188]).

A aplicação supletiva do direito processual penal serve para realizar as exigências do Estado de direito. Também no procedimento disciplinar são, portanto, proibidos determinados métodos de obtenção da prova (arts. 32.º, n.º 6 CRP e 126.º CPP) ([189]), a qual,

---

([188]) Cfr., relativamente ao *lugar-paralelo* da aplicação das normas do processo civil no contencioso administrativo, SÉRVULO CORREIA, *O prazo de alegação no recurso fundado em oposição de acórdãos no Supremo Tribunal Administrativo (Um caso paradigmático do problema da aplicação da lei de processo civil no contencioso administrativo),* ROA, ano 50, Julho de 1990, 363 e ss., 379.

([189]) Veja-se, a propósito, o preceituado pelo art. 412.º CP (Extorsão de depoimento): «o funcionário que, em processo criminal ou por contra-ordenação ou disciplinar, utilizar violência, ameaça grave ou outro meio de coacção ile-

uma vez adquirida por essa forma, não poderá ser no mesmo utilizada, dele não ficando a constar.

Numa apreciação crítica da jurisprudência do STA, refira-se, por um lado, que os princípios da presunção de inocência e do *in dubio pro reo* representam, como é por demais sabido, a dimensão processual do princípio material da culpa ([190]), hoje acolhido no ED (respectivo art. 3.º, n.º 1), o que os configura como princípios do próprio procedimento disciplinar. Por outro lado, a subsidariedade do direito processual penal relativamente ao procedimento disciplinar não deverá ser exagerada. Decidiu mal o STA quando considerou que o normativo que, em certos casos, impõe a notificação pessoal do arguido em processo penal (art. 113.º, n.º 5 CPP) exclui a aplicação daqueloutro, oriundo do processo civil, que prevê a notificação do seu mandatário (art. 253.º, n.º 1 CPC) ([191]). Com efeito, trata-se de proposições jurídicas concorrentes, mas cujas consequências são entre si compatíveis. Daí que não se excluam, antes se completando. Numa palavra: não havia que afastar o normativo do CPC ([192]).

Por último, surge o *direito processual civil,* verdadeira matriz de todo o processo, que também aqui funcionará como direito

---

gítimo, para obter do arguido, declarante, testemunha ou perito um depoimento escrito ou oral, ou para impedir que eles o façam, será punido com prisão de 6 meses a 4 anos». Sobre a distinção e contraposição, no direito processual penal português, entre proibições de produção de prova e proibições da sua valoração, COSTA ANDRADE, *Sobre as proibições de prova em processo penal,* Coimbra, 1992, esp. 188 e ss..

([190]) Cfr., por exemplo, citando CANOTILHO/VITAL MOREIRA, Miguel Nuno Pedrosa MACHADO, *O princípio in dubio pro reo e o novo Código de Processo penal (Parecer),* Lisboa, 1989, 14.

([191]) Cfr. Ac. do STA – 1.ª Secção, de 10 de Novembro de 1989, cit. na nota (185).

([192]) Cfr. Karl LARENZ, *Metodologia da ciência do direito,* trad. port., 2.ª ed., Lisboa, 319. Assim dispõe o n.º 3 do art. 65.º da Lei 7/90, de 20 de Fevereiro (Regulamento Disciplinar da Polícia de Segurança Pública).

supletivo. Assim, será possível, por exemplo, fazer funcionar o mecanismo do justo impedimento (art. 146.º CPC), obviando a que a falta de resposta à acusação, pelo agente administrativo visado, dentro do prazo para o efeito marcado, valha como efectiva audiência do mesmo para todos os efeitos legais ([193]).

([193]) Cfr., na linha do Conselho Superior do Ministério Público, LEAL--HENRIQUES, ob. cit., 182.

CAPÍTULO II

O PROBLEMA
QUANDO O PROCEDIMENTO DISCIPLINAR
E O PROCESSO PENAL
VERSAM SOBRE O MESMO FACTO

1. ENQUADRAMENTO GERAL. A AUSÊNCIA DE EFEITO SUSPENSIVO. A RELEVÂNCIA DO PRAZO DE PRESCRIÇÃO DA LEI PENAL.

À luz da conhecida independência entre os ilícitos penal e disciplinar, com plena autonomia de cada um deles, determinado facto pode constituir infracção disciplinar sem preencher qualquer tipo legal de crime, sendo o inverso igualmente possível e verdadeiro. Mas, por outro lado, o procedimento disciplinar e o processo penal podem apresentar idêntico objecto, no sentido de versarem sobre o mesmo facto. Trata-se de uma identidade naturalística, não dos bens jurídicos tutelados, que são diversos.

Ora à independência dos ilícitos corresponde a autonomia dos respectivos processos. Por isso, procedimento disciplinar e processo penal correm independentemente um do outro. O direito português não consagrou a suspensão do procedimento disciplinar por efeito da instauração de processo penal relativo à mesma matéria de facto ([194]). O procedimento disciplinar ficará, assim, concluído

---

([194]) Esse efeito suspensivo é a regra no direito alemão – § 17.º, n.º 1 BDO. Trata-se de uma das vertentes em que se desdobra o *primado* do processo penal

88   *Luís Vasconcelos Abreu*

antes do penal. A sentença neste último proferida poderá relevar para efeitos de revisão do processo disciplinar (art. 78.º e ss. ED) ([195]).

No entanto, nada impede, bem pelo contrário, fortes razões, como, por exemplo, os melhores meios de investigação e a prevalência das decisões judiciais (art. 208.º, n.º 2 CRP), aconselham a que, uma vez instaurado procedimento disciplinar, nele seja proferido despacho no sentido de se ficar a aguardar a decisão a proferir no processo penal que versa sobre os mesmos factos ([196]),

---

relativamente ao disciplinar. Cfr. CLAUSSEN/JANZEN, ob. cit., 202/203. O mesmo sucede no direito italiano (*principio della prevenzione dal procedimento penal su quello amministrativo*). Cfr. LANDI/POTENZA, ob. cit., 485, bem como VIRGA, *Il publico...*, cit., 430/431, e *Diritto...*, cit., 241. A diversidade de soluções entre os ordenamentos português, por um lado, e italiano e germânico, pelo outro, ilustra bem a relatividade dos vários direitos positivos.

([195]) LEAL-HENRIQUES, citando jurisprudência do STA, afirma que para que uma sentença penal possa servir como fundamento do pedido de revisão de um processo disciplinar, é necessário que nela se dê como provado qualquer facto incompatível com a prática daqueles que determinaram a aplicação da medida disciplinar, isto é, qualquer facto que destrua a prova feita no procedimento disciplinar. Cfr. LEAL-HENRIQUES, ob. cit., 229. Por seu turno, criticando a tendência excessivamente restritiva de boa parte da nossa jurisprudência e doutrinas administrativas, que consideravam a revisão de um procedimento disciplinar uma faculdade discricionária, posição que, em seu entender, apenas se justificava à luz do disposto pelo § único do art. 75.º do ED 1943, normativo que a Revisão constitucional de 1971, com a introdução do preceito constante do n.º 21 do art. 8.º da Constituição de 1993, veio tornar materialmente inconstitucional, assim como traçando a fronteira entre os institutos da revisão e reabilitação disciplinares, J. M. SIMÕES DE OLIVEIRA, *Revisão do processo disciplinar – poder discricionário?*, DA, ano 1, n.º 2, Março/Abril de 1980, 95 e ss.. No sentido de que a decisão sobre o pedido de revisão de um procedimento disciplinar, mesmo no regime do ED 1943, não envolvia o exercício de um poder discricionário, Ac. do STA – Trib. Pleno, de 17 de Dezembro de 1980 (caso de João Teixeira de Carvalho Lunet Ferreira), cit. na nota (149).

([196]) O disposto pelo n.º 3 do art. 7.º ED, que manda arquivar o procedimento disciplinar instaurado contra o arguido ao qual foi aplicada em processo penal a pena acessória de demissão, é bem o reflexo dessa possibilidade. Há quem

Do Procedimento Admin. Disciplinar: As Relações com o Proc. Penal 89

podendo igualmente suceder que a Administração só tenha ficado a conhecer os factos disciplinarmente relevantes através da sentença criminal condenatória (arts. 7.º, n.º 1 e 6.º, n.os 3 e 4 ED). O momento em que a Administração adquire este conhecimento varia em função das circunstâncias de cada caso concreto.

Daí que se o facto qualificado de infracção disciplinar for também considerado infracção penal e os prazos de prescrição do procedimento criminal forem superiores a 3 anos, se apliquem ao procedimento disciplinar os prazos estabelecidos na lei penal (art. 4.º, n.º 3 ED). Também por este motivo há que aguardar a sentença criminal, pois só assim se poderá decidir sobre a eventual prescrição do procedimento disciplinar [197].

Por força da referida independência entre os ilícitos criminal e disciplinar e respectivos processos, bem como devido à ausência

---

defenda que a subordinação da Administração à Justiça impõe que a entidade administrativa fique a aguardar a sentença penal. Cfr. Francisco SANZ GANDASEGUI, *La potestad sancionatoria de la Administración: La Constitucion Española y el Tribunal Constitucional,* Madrid, 1985, 146. Mas sem razão, por força da conhecida independência entre os ilícitos e respectivos processos, como também em virtude da necessidade de equilíbrio e complementariedade entre as várias funções do Estado. Cfr., mais uma vez, BARBOSA DE MELO, *Notas...,* cit., 7 e ss.. Entre nós, José António BARREIROS afirma ser da maior conveniência proceder-se à suspensão do procedimento disciplinar. Cfr. BARREIROS, *Processo Penal-1,* Coimbra, 1981, 175. O já conhecido Regulamento Disciplinar da Polícia de Segurança Pública afirma no n.º 3 do seu art. 37.º, que «sempre que o repute conveniente, a autoridade com competência disciplinar para punir pode determinar a suspensão do procedimento até que se conclua processo criminal pendente».

[197] Cfr. Ac. do STA - Trib. Pleno, de 27 de Novembro de 1986 (caso do Eng. Armando Rodrigues de Carvalho), AD, ano XXVI, n.º 305, 706 e ss.. Diferentemente, a PGR entende que os distintos prazos de prescrição do procedimento disciplinar previstos no art. 4.º ED actuam de modo independente e autónomo, a partir dos diversos momentos que lhes estão pressupostos, determinando a ocorrência da prescrição o decurso daquele que primeiramente se verificar. Cfr. Parecer da PGR n.º 123/87, de 11 de Março de 1988, DR, II Série, n.º 234, de 10 de Outubro de 1988, 9337 e ss.. Veja-se a declaração de voto de vencido de MARTINS DE AZAMBUJA, seguindo posição de LEAL-HENRIQUES.

de efeito suspensivo do processo penal relativamente ao procedimento disciplinar, as quais não ficam prejudicadas pela relevância do prazo de prescrição da lei penal, as relações entre o procedimento disciplinar e o processo penal no direito português vigente irão ser estudadas independentemente de qualquer espartilho temporal.

2. OS EFEITOS PROVISÓRIOS

2.1 O art. 6.º do ED e o art. 199.º do CPP

Nos termos do art. 378.º do Código de Processo Penal de 1929, a pronúncia passada em julgado de um acusado que exercesse funções públicas, tornava-o inábil para as continuar a exercer até à decisão final, salvo o direito de acesso.

Nesta linha, dispõe o art. 6.º ED que o despacho de pronúncia em processo de querela ([198]) com trânsito em julgado determina a suspensão de funções e do vencimento de exercício até à decisão final absolutória, ainda que não transitada em julgado, ou à decisão final condenatória (n.º 1), sendo tal regime aplicável independentemente da forma do processo, nos casos de crimes contra o Estado (n.º 2).

Por seu lado, o actual CPP, em sede de medidas de coacção, preceitua no art. 199.º que se o crime imputado for punível com pena de prisão de máximo superior a dois anos, o juiz pode impor ao arguido, cumulativamente, se for caso disso, com qualquer outra medida legalmente cabida, a suspensão do exercício da função pública, sempre que a interdição do mesmo possa vir a ser decretada como efeito do crime imputado (n.º 1, al. a)). A suspensão será comunicada à autoridade administrativa normalmente competente para decretar a suspensão ou interdição respectivas (n.º 2).

([198]) Entende-se hoje, à luz das inovações introduzidas pelo CPP de 1987, que o campo de aplicação deste artigo corresponde ao da competência do tribunal que anteriormente julgava os processos de querela, ou seja, o tribunal colectivo e o tribunal do júri. Cfr. LEAL-HENRIQUES, ob. cit., 44.

2.2 A doutrina

Relativamente ao art. 6.º ED, surgem duas teses na doutrina portuguesa. Por um lado, João CASTRO NEVES e Teresa BELEZA, que defendem a inconstitucionalidade daquele normativo, por força do princípio constitucional da presunção de inocência (art. 32.º, n.º 2 CRP), designadamente considerando que a dupla suspensão de funções e de vencimento pelo mesmo consagrada se revela extraordinariamente gravosa para o arguido, visto que se prolonga até à decisão final absolutória, ainda que não transitada em julgado, ou à decisão final condenatória, sendo por demais conhecida a lentidão da nossa justiça criminal. A não limitação temporal deste efeito do despacho de pronúncia, de par com a vertente material do princípio da presunção de inocência, conduzem, no entendimento destes Autores, à inconstitucionalidade do art. 6.º ED ([199]).

Diferente é a posição de Mário TORRES, que não deixa de reconhecer, no entanto, o facto de a Revisão constitucional de 1982, ao aditar a 2.ª parte do n.º 2 do art. 32.º CRP, nos termos do qual o arguido deve ser julgado no mais curto prazo compatível com as garantias de defesa, ter consagrado a tese de que o princípio da presunção de inocência não se limita a uma vertente probatória, desempenhando também um papel no plano da definição do estatuto do arguido, deste modo tornando ilegítima qualquer antecipação de condenação, ressalvados, é claro, os casos de prisão preventiva. Mas para este Autor, a suspensão do agente administrativo pronunciado não representa uma antecipação da demissão, até porque durante a suspensão continua a ser abonado o vencimento de categoria. Trata-se, isso sim, de uma medida de ordem funcional destinada a defender o prestígio dos serviços públicos. Por isso, considera que, *de iure condito,* o art. 6.º ED não contraria o preceituado pelo art. 32.º, n.º 2 CRP, embora, *de iure condendo,* a

---

([199]) Cfr. BELEZA, *Direito penal,* I, 2.ª ed., Lisboa, 1985, 68/69, e João CASTRO NEVES, *O novo Estatuto disciplinar (1984) – algumas questões (2.ª parte),* RMP, ano 6.º, vol. 21, 9 e ss., 35/36.

referida suspensão automática não se lhe afigure razoável, impondo-se uma alteração legislativa no sentido de ser a entidade administrativa a decidir sobre a suspensão, caso a caso, de acordo com os interesses do serviço ([200]).

2.3 A jurisprudência do TC

O TC já se pronunciou expressamente àcerca da inconstitucionalidade da norma constante do n.º 1 do art. 6.º ED, por ofensa ao princípio constitucional da presunção de inocência (art. 32.º, n.º 2 CRP). Concluíu então que a suspensão de funções pelo primeiro cominada, radicando na defesa do prestígio dos serviços e sendo consequência de despacho de pronúncia em processo de querela com trânsito em julgado, assim como apenas determinando a suspensão do vencimento de exercício, que representa um sexto do vencimento total, não violava o princípio da proporcionalidade, logo não era constitucionalmente ilegítima ([201]).

Contudo, em Acórdão anterior, de grande importância para a questão da sindicabilidade contenciosa dos actos que violam o princípio da proporcionalidade ([202]), o mesmo Tribunal havia considerado que os normativos dos antigos Código do Imposto de Transacções e Código da Contribuição Industrial dos quais decorria que a mera instauração de processo penal por determinada infracção fiscal imputável a um técnico de contas, implicava a suspensão, para o mesmo, dos direitos emergentes da sua inscrição como tal, durante a pendência do processo, violavam o princípio da proporcionalidade, uma vez que se tratava de suspensão automáti-

---

([200]) Cfr. Mário TORRES, *Suspensão e demissão de funcionários ou agentes como efeito da pronúncia ou condenação criminais (2.ª parte)*, RMP, ano 7.º, vol. 26, 161 e ss., esp. 167 e ss., posição posteriormente sufragada por LEAL-HENRIQUES, ob. cit., 44 e ss., 47.

([201]) Cfr. Ac. do TC n.º 439/87, de 4 de Novembro de 1987 (processo n.º 258/86), BMJ, n.º 371, Dezembro de 1987, 171 e ss..

([202]) Cfr. CANOTILHO, ob. cit., 388.

Do Procedimento Admin. Disciplinar: As Relações com o Proc. Penal   93

ca, produzindo-se independentemente de qualquer juízo sobre a sua necessidade em concreto. Para o TC, a violação do princípio da proporcionalidade foi nesse caso fundamento bastante para decidir no sentido da declaração de inconstitucionalidade ([203]).

2.4 **Posição adoptada**

Começando pela questão da inconstitucionalidade do art. 6.º ED, enquanto consagra uma suspensão automática, sem qualquer aferição da sua necessidade perante as circunstâncias do caso concreto, cumpre ter presente que o princípio constitucional da presunção de inocência (art. 32.º, n.º 2 CRP) não preclude, por si só, a existência de medidas cautelares, de que é bom exemplo a prisão preventiva, constitucionalmente consagrada (art. 28.º CRP). Aliás, nos casos de maior gravidade, é isso que sucede: o agente administrativo fica preventivamente preso (arts. 202.º e 209.º CPP) ([204]).

O que importa, porém, é verificar o respeito pelas exigências decorrentes do princípio constitucional da presunção de inocência, designadamente aferir da proporcionalidade das consequências jurídicas resultantes do disposto pelo art. 6.º ED atentos os resultados que com o mesmo se obtêm, tendo presente a autonomia dos ilícitos disciplinar e penal, e, consequentemente, dos respectivos processos. Ora a referida independência não se compadece com automatismos, violadores do princípio da proporcionalidade, do qual decorre a exigência de um juízo *em concreto* àcerca da *adequabilidade, necessidade e proporcionalidade* propriamente

---

([203]) Cfr. Ac. do TC n.º 282/86, de 21 de Outubro de 1986 (processo n.º 4/85), DR, I Série, n.º 260, de 11.11.86, 3385 e ss., esp. 3388.

([204]) Dispõe, a propósito, o art. 63.º do DL 497/88, de 30 de Dezembro(Regime jurídico das férias, faltas e licenças dos funcionários e agentes da Administração pública), que as faltas dadas por motivo de prisão preventiva se consideram justificadas, determinando a perda do vencimento de exercício e do subsídio de refeição, as quais serão reparadas em caso de revogação ou extinção daquela medida de coacção, salvo se o agente vier a ser condenado definitivamente.

dita, ou seja, ponderação dos custos e benefícios, numa óptica disciplinar, da suspensão do exercício de funções, avaliação essa que o art. 6.º ED não permite. Por isso, este normativo, caso estivesse em vigor, seria materialmente inconstitucional.

Sucede que o art. 6.º ED foi tacitamente revogado pelo art. 199.º CPP. Com efeito, embora a aplicação das medidas de coacção ([205]), nomeadamente da suspensão do exercício da função pública, possa ter lugar em momento anterior ao despacho de pronúncia (art. 308.º CPP), as disposições constantes dos arts. 6.º ED e 199.º CPP são *incompatíveis,* facto que fundamenta a referida revogação tácita (art. 7.º, n.º 2 CC).

Em primeiro lugar, porque o art. 199.º CPP determina que a medida de suspensão de exercício da função pública só será aplicada quando a interdição do mesmo possa vir a ser decretada como efeito do crime imputado, estabelecendo um *paralelismo* entre as causas de suspensão e de demissão dos agentes administrativos, inexistente no ED ([206]), que refere apenas, de forma genérica, a pronúncia em processo de querela e nos casos de crimes contra o Estado.

Mas sobretudo porque, de acordo com o CPP, a aplicação desta medida não é um efeito automático do despacho de pronúncia em determinadas situações, antes o resultado de uma valoração feita pelo juiz criminal àcerca da sua necessidade no caso concreto, com integral respeito pelas exigências decorrentes do princípio da proporcionalidade (arts. 193.º e 199.º CPP). Trata-se de uma faculdade, cujo exercício se encontra a cargo do juiz penal, a quem cabe avaliar das necessidades de tutela cautelar que cada caso revela (art. 204.º CPP), não de um efeito automático por determinação legal. Por isso, as soluções constantes dos arts. 6.º ED e 199.º CPP são

---

([205]) Sobre o tema, João CASTRO E SOUSA, *Os meios de coacção no novo Código de Processo Penal, in Estudos em homenagem ao Prof. Doutor Eduardo Correia/Número especial do BFDUC,* I, Coimbra, 1984, 471 e ss..

([206]) Cfr. TORRES, ob. loc. cits., 176.

entre si *incompatíveis,* logo o primeiro deve considerar-se revogado por este último.

3. OS EFEITOS DISCIPLINARES DA SENTENÇA PENAL

3.1 O art. 30.°, n.° 4 da CRP, os arts. 66.°, 67.° e 68.° do CP, o art. 499.°, n.ᵒˢ 1 e 5 do CPP e o art. 7.° do ED

O princípio constante do art. 65.° do CP foi constitucionalizado pela Revisão de 1982, afirmando hoje a CRP no n.° 4 do seu art. 30.°, que nenhuma pena envolve como efeito necessário a perda de quaisquer direitos civis, profissionais ou políticos.

Segundo o art. 66.° do CP, que integra o capítulo das penas acessórias (Cap. II do Título III do Livro I do CP), relativamente a crimes punidos com pena de prisão superior a dois anos (n.° 3), o funcionário que tiver praticado o crime com flagrante e grave abuso da função que exerce ou com manifesta e grave violação dos deveres que lhe são inerentes, pode ser demitido da função pública na sentença condenatória (n.° 1) ([207]). O funcionário público pode ainda ser demitido quando o crime, embora praticado fora do exercício da função pública, revele que o agente é incapaz ou indigno de exercer um cargo ou implique a perda da confiança geral necessária ao exercício da função (n.° 2).

O réu definitivamente condenado a pena de prisão, que não for demitido, incorre na suspensão do cargo enquanto durar o cumprimento da pena (art. 67.° CP). Os efeitos da demissão e da suspensão encontram-se desde logo fixados pelo art. 68.° do CP. Assim, salvo disposição em contrário, a pena de demissão determina a perda de todos os direitos e regalias atribuídos aos funcionários públicos e igual efeito produz a suspensão relativamente ao período da sua

---

([207]) O DL 371/83, de 6 de Outubro, enumera no seu art. 7.° uma série de casos em que a corrupção constitui manifesta e grave violação dos deveres, nos termos e para os efeitos do art. 66.° do CP.

duração (n.º 1). A pena de demissão não envolve a perda do direito à aposentação ou à reforma, nem imposssibilita o funcionário de ser nomeado para cargos públicos ou lugares diferentes ou que possam ser exercidos sem que o seu titular reúna as particulares condições de dignidade e de confiança que o cargo de que foi demitido exige (n.º 2).

A decisão que decretar a demissão da função pública ou implicar a suspensão de cargo público é comunicada ao organismo de que o funcionário depende (art. 499.º, n.º 1 CPP e art. 7.º, n.º 1 ED), cabendo à entidade respectiva providenciar a sua imediata execução (art. 7.º, n.º 2 ED), sem prejuízo de o tribunal poder ordenar as providências necessárias à execução da pena acessória (art. 499.º, n.º 5 CPP). Quando em sentença condenatória transitada em julgado proferida em processo penal for aplicada pena acessória de demissão, arquivar-se-á o procedimento disciplinar instaurado contra o arguido (art. 7.º, n.º 3 ED).

3.2 A doutrina

Segundo FIGUEIREDO DIAS, o disposto pelos arts. 30.º, n.º 4 CRP e 65.º CP obsta ao carácter necessário da produção de efeitos das penas ([208]), tendo a elevação deste princípio de política criminal, que impedindo os efeitos infamantes ou estigmatizantes da pena, favorece a ressocialização do condenado, à categoria de princípio jurídico-constitucional, operada pela Revisão constitucional de 1982, gerado a inconstitucionalidade das lei penais extravagantes que previam efeitos automáticos da aplicação de certas

---

([208]) Cfr. FIGUEIREDO DIAS, *Direito penal 2,* Coimbra, 1988, ed. policopiada, 82. Traçando a história do n.º 4 do art. 30.º CRP, TORRES, *Suspensão e demissão de funcionários ou agentes como efeito de pronúncia ou condenação criminais (1.ª parte),* RMP, ano 7.º, vol. 25, 111 e ss., esp. 119 e ss., 122 e ss.. Sobre efeitos das penas, designadamente no direito português, CORREIA/RODRIGUES/António Manuel de ALMEIDA COSTA, *Direito criminal - III (1),* 1980, ed. policopiada, 233 e ss., esp. 254 e ss..

penas, assim como vinculou o legislador do futuro a não conferir automaticidade à produção daqueles efeitos ([209]).

De acordo com o mesmo Autor, cumpre distinguir entre *penas acessórias,* que são «aquelas que só podem ser pronunciadas na sentença condenatória conjuntamente com uma pena principal», e *efeitos das penas,* isto é, «consequências – necessárias ou pendentes de apreciação judicial – determinadas pela aplicação de uma pena, principal ou acessória», não assumindo a natureza de verdadeiras penas ([210]).

Para FIGUEIREDO DIAS, o vigente CP terá considerado como penas acessórias os efeitos das penas, retirando-lhes, de harmonia com o referido princípio político-criminal, hoje constitucionalmente consagrado, a automaticidade e o carácter necessário, por forma a que os mesmos têm de constar da sentença condenatória ([211]). O sistema do CP é, pois, um sistema de *efeitos não automáticos da condenação,* sobretudo porque o legislador não referiu as consequências jurídicas do crime à culpa do agente pelo

---

([209]) Cfr. FIGUEIREDO DIAS, *Direito penal 2,* cit., 177/178, sobretudo a propósito do disposto pelo n.º 2 do art. 69.º do CP («À prática de certos crimes pode ainda corresponder, por força da lei, a incapacidade para eleger o Presidente da República, os membros de assembleias legislativas ou de autarquias locais, para ser eleito como tal, para ser jurado, ou ainda para exercer o poder paternal, a tutela, a curatela ou a administração de bens») vem sendo defendida a possibilidade, na linha de Eduardo CORREIA, de atribuição de efeitos automáticos à prática de certos crimes, por força da natureza do crime cometido ou das suas particulares circunstâncias, e não da pena infligida ou sua gravidade. Cfr., por todos, LEAL HENRIQUES/Manuel SIMAS SANTOS, *O Código Penal de 1982,* I, reimpressão, Lisboa, 1991, 348 e 360. No entanto, como ensina FIGUEIREDO DIAS, tal posição suscita as maiores dúvidas quanto à respectiva constitucionalidade, já que os efeitos automaticamente ligados por lei a certos crimes pressupõem a condenação pela sua prática, com consequente aplicação de uma pena, tornando-se, por isso, em verdadeiros efeitos da pena. Há, portanto, que interpretar o preceituado, por exemplo, pelo art. 69.º, n.º 2 CP no sentido de também no seu âmbito valer o princípio da não-automaticidade contido nos arts. 30.º, n.º 4 CRP e 65.º CP (ob. cit., respectivamente, 181 e 183/184).

([210]) Cfr. FIGUEIREDO DIAS, *Direito penal 2,* cit., 76/77.

([211]) Cfr. FIGUEIREDO DIAS, *Direito penal 2,* cit., 78.

facto praticado, mas antes, em primeira linha, a exigências de prevenção relacionadas com o exercício da função, facto que impede a respectiva consideração como verdadeiras penas [212].

É ainda este Professor quem afirma, noutro passo, que a suspensão temporária da função prevista no art. 67.º CP não é mais do que um «*efeito material* inafastável da pena de prisão», não um *efeito jurídico* ou, ainda menos, uma *pena acessória,* até porque se assim não fosse resultaria violado o art. 30.º, n.º 4 CRP, dado o carácter automático e necessário da suspensão do cargo do agente administrativo que se encontra a cumprir uma pena de prisão [213].

Relativamente às repercussões no domínio disciplinar da sentença criminal — e agora segundo LEAL-HENRIQUES —, o vigente CPP não reproduz a doutrina consignada nos arts. 153.º e 154.º do diploma anterior [214]. Daí que este Autor levante a questão de saber se com tal silêncio o legislador terá querido subtrair ao direito processual penal a determinação dos efeitos do caso julgado penal (condenatório ou absolutório) em outras áreas. Enveredando pela positiva, que afirma ser uma solução séria, considera então que compete ao ordenamento disciplinar fixar o valor que para ele terá a decisão criminal, no respeito pelo princípio consignado no actual n.º 2 do art. 208.º CRP, que consagra a prevalência das decisões judiciais sobre as de quaisquer outras entidades. Daí que, transitada

---

[212] Cfr. FIGUEIREDO DIAS, *Direito penal 2,* cit., 198/199.

[213] Cfr. FIGUEIREDO DIAS, *Direito penal 2,* cit., 194.

[214] Dispunha o art. 153.º do CPP de 1929 (Caso julgado condenatório): «a condenação definitiva proferida na acção penal constituirá caso julgado, quanto à existência e qualificação do facto punível e quanto à determinação dos seus agentes, mesmo nas acções não penais em que se discutam direitos que dependem da existência da infracção». Por seu lado, o art. 154.º do mesmo diploma (Efeitos da sentença penal absolutória em acção não penal), precei-tuava o seguinte: «a sentença absolutória, proferida em matéria penal e com trânsito em julgado, constituirá nas acções não penais simples presunção legal da inexistência dos factos que constituem a infracção, ou de que os arguidos a não praticaram, conforme o que se tenha julgado, presunção que pode ser ilidida por prova em contrário».

em julgado a sentença criminal, os factos provados que dela constem não possam voltar a ser postos em causa, com excepção dos meios extraordinários de impugnação de decisões judiciais. À Administração ficará reservado o direito de efectuar uma qualificação diversa dos mesmos [215].

Diferentemente, João Soares RIBEIRO considera que o facto de o novo CP não integrar preceito paralelo ao art. 153.º do CPP de 1929, faz com que não haja actualmente «que atender no processo disciplinar aos factos tidos por provados nem à pessoa do seu agente. Deste modo, ou a sentença penal fixa a pena de demissão como pena acessória do crime praticado e a Administração tem de a fazer executar, ou a sentença nada diz quanto aos efeitos profissionais da condenação, podendo a Administração proceder ou não disciplinarmente contra os seus funcionários pelos crimes em que foram condenados» [216].

Por sua vez, Teresa BELEZA e João CASTRO NEVES fazem apelo ao princípio do *ne bis in idem* (art. 29.º, n.º 5 CRP), a que atribuem um conteúdo material, isto é, de defesa, acima de tudo, dos direitos e garantias dos particulares, pondo cobro a perseguições injustas, e não meramente formal, destinado apenas a defender o interesse do Estado, designadamente evitando a dispendiosa repetição de julgamentos. Por isso, no entendimento destes Autores, se o juiz criminal declarou que o funcionário não agiu com «flagrante e grave abuso da função que exerce» ou não perdeu a «confiança geral necessária ao exercício da função», por exemplo, e, por conseguinte, não decretou a demissão na sentença condenatória pelo crime cometido, não poderá o superior hierárquico, com fundamento nas mesmas razões, decretar tal demissão no procedimento disciplinar [217].

---

[215] Cfr. LEAL-HENRIQUES, ob. cit., 51/52.

[216] Cfr. RIBEIRO, ob. cit., 22.

[217] Cfr. BELEZA, *Direito penal*, I, cit., esp. 113 e ss., 114 (conforme nota da A., texto redigido por João Castro Neves) e CASTRO NEVES, ob. e loc. cits., esp. 20 e ss., 21.

3.3 A jurisprudência do TC

Pronunciando-se pela primeira vez sobre o art. 30.º, n.º 4 CRP, o TC declarou que a Constituição, partindo da dignidade da pessoa humana (art. 1.º CRP), visou através do citado normativo retirar às penas todo o carácter infamante, evitando que a atribuição de efeitos automáticos estigmatizantes possa perturbar a readaptação social do delinquente. Daí que o n.º 1 do art. 37.º do Código de Justiça Militar, o qual impõe a demissão de oficial ou sargento dos quadros permanentes ou de praças em situação equivalente como efeito da respectiva condenação pelos crimes que refere, nomeadamente pelo de corrupção, por forma a que essa demissão representa um efeito necessário da condenação, viole o preceituado pelo n.º 4 do art. 30.º CRP, sendo, por isso, inconstitucional ([218]).

Também no já conhecido *caso dos técnicos de contas,* o TC entendeu que o cancelamento das respectivas inscrições por força de condenação pela prática de determinadas infracções fiscais, ditado por normativos dos antigos Código do Imposto de Transacções e Código da Contribuição Industrial, na medida em que não consubstanciava uma sanção disciplinar a ser aplicada, após o devido procedimento, pela entidade competente, antes se tratando, bem pelo contrário, de uma consequência automática que a lei fazia decorrer da condenação, não era harmonizável com o n.º 4 do art. 30.º CRP. Para o TC, o princípio constitucional em apreço não impede que o legislador ordinário defina como penas a privação de direitos profissionais, a serem aplicadas judicialmente de acordo com as regras comuns (ex.: princípio da culpa), mas proíbe que a privação de direitos profissionais seja uma simples consequência,

---

([218]) Cfr. Ac. do TC n.º 16/84, de 15 de Fevereiro de 1984 (processo n.º 27/83), BMJ, n.º 341, Dezembro de 1984, 174 e ss.. A inconstitucionalidade, com força obrigatória geral, da norma do n.º 1 do art. 37.º do Código de Justiça Militar foi posteriormente declarada pelo Ac. do TC n.º 165/86, de 20 de Abril de 1986 (processo n.º 7/86), DR, I Série, n.º 126, de 3.6.1986, 1317/1318.

Do Procedimento Admin. Disciplinar: As Relações com o Proc. Penal 101

por via directa da lei, da condenação por infracções de qualquer tipo ([219]).

3.4 A jurisprudência do STA

Resolvendo ao abrigo do disposto pelo art. 153.º do CPP de 1929, o STA afirmava lapidarmente: «decidido em processo penal que o arguido praticou certos factos, esse julgado deve ser, nessa parte, respeitado pela instância disciplinar; porém, quanto à qualificação dos mesmos factos como constituindo, ou não, ilícitos disciplinares, já é completamente irrelevante o caso julgado que se haja formado na acção penal» ([220]).

Num outro caso que suscitou a aplicação do referido normativo, o mesmo Tribunal, depois de declarar que o procedimento disciplinar por factos pelos quais o arguido já havia sido condenado em decisão penal transitada em julgado não revestia carácter especial, não sendo nele dispensável a audiência do visado, afirmou que a autonomia entre o processo penal e o procedimento disciplinar sofria apenas a limitação decorrente do art. 153.º do CPP de 1929, nada obstando a que no procedimento disciplinar se apreciassem os factos dados como provados na decisão criminal e, sem prejuízo da autoridade de caso julgado, se utilizasse nessa apreciação critérios de valoração diferentes dos usados no processo penal, porventura mais adequados à tutela dos interesses protegidos pela disciplina dos serviços ([221]).

Muito concretamente, para o STA, «não há violação do art. 210.º, n.º 2 da Constituição (actual art. 208.º, n.º 2 CRP), atenta a autonomia das jurisdições penal e disciplinar, quando, proferido despacho em processo penal a mandar os autos aguardar a produção

---

([219]) Cfr. Ac. do TC n.º 282/86, cit. na nota (203), 3387/3388.

([220]) Cfr. Ac. do STA - 1.ª Secção, de 29 de Maio de 1970 (caso de José Basílio Teodósio), AD, ano X, n.º 111, 336 e ss., 339.

([221]) Cfr. Ac. do STA - 1.ª Secção, de 29 de Novembro de 1984 (caso de Susana Maria de Brito Bernardo), AD, ano XXIV, n.º 283, 765 e ss., 769.

102 *Luís Vasconcelos Abreu*

de melhor prova, ao abrigo do art. 345.º do CPP de 1929, se pune com a mesma prova em processo disciplinar» ([222]), uma vez que, como também já afirmou o referido Tribunal, «a autoridade administrativa, ao considerar provados factos que não o foram pelo tribunal judicial, não usurpa a função judicial, antes prossegue os seus fins próprios, no exercício da função administrativa quanto ao poder disciplinar» ([223]).

Num Acórdão recente, este Tribunal voltou a aplicar o disposto pelo art. 153.º do Código do Processo Penal de 1929, precisando os seus termos: «a condenação definitiva proferida na acção penal apenas constitui caso julgado quanto à existência e qualificação da falta punível e quanto à determinação dos seus agentes, não abrangendo(...) as circunstâncias atenuantes da infracção. Assim, o facto de na sentença proferida no processo crime se terem considerado provadas atenuantes que justificaram a atenuação extraordinária da pena não impede que no processo disciplinar se não se considere existente qualquer circunstância atenuante, o que afasta desde logo a possibilidade de atenuação da pena» ([224]).

3.5 A posição da PGR

Também o Conselho Consultivo da Procuradoria-Geral da República se tem ocupado das relações entre o processo criminal e o procedimento disciplinar, designadamente dos efeitos disciplinares da sentença penal. Dando parecer sobre um caso em que o juiz criminal não havia aplicado a pena de demissão prevista no § único do art. 65.º do Código Penal de 1886, quando o condenado era um servente da Junta Autónoma das Estradas, de cuja situação funci-

---

([222]) Cfr. Ac. do STA - Trib. Pleno, de 26 de Janeiro de 1989 (caso de José Martins Carrondo), AD, ano XXVIII, n.ªˢ 332/333, 1087 e ss..

([223]) Cfr. Ac. do STA - 1.ª Secção, de 16 de Fevereiro de 1989 (caso de Pedro Machado), AD, ano XXVIII, n.º 336, 1460 e ss..

([224]) Cfr. Ac. do STA - Trib. Pleno, de 18 de Dezembro de 1990 (caso de Norberto Duarte Pires), AD, ano XXX, n.º 355, 880 e ss..

Do Procedimento Admin. Disciplinar: As Relações com o Proc. Penal 103

onal o juiz como que abstraiu, este órgão, considerando ser um dado adquirido a autonomia do direito e procedimento disciplinares relativamente ao direito e processo penais, e após diversas citações da doutrina, afirmou que a Administração, não podendo suprir a lacuna da decisão penal, devia instaurar o competente procedimento disciplinar, no respeito pelo caso julgado criminal (art. 153.º do Código do Processo Penal de 1929). Isto é: caso tivesse sido aplicada a referida demissão pelo juiz penal, à Administração apenas caberia executá-la; como assim não sucedeu, impunha-se desencadear os mecanismos normais de exercicío do poder disciplinar ([225]).

3.6 Posição adoptada

3.6.1. *Factos provados e respectiva autoria*

Caso julgado *formal* e *material* são efeitos diferentes da sentença. O caso julgado *formal* significa a inimpugnabilidade da decisão no âmbito daquele processo, seguindo-se-lhe a sua exequibilidade. Por seu lado, o caso julgado *material* faz com que a situação de facto que foi julgada não possa ser objecto de um novo processo ([226]). Com ele, o direito de acção penal fica esgotado. O caso julgado material abrange só a parte dispositiva da sentença, não a respectiva fundamentação ([227]), que serve para facilitar o controlo pelos tribunais superiores.

([225]) Cfr. Parecer da PGR n.º 163/82, de 9 de Dezembro de 1982, DR, II Série, n.º 147, de 29.6.1983, 5472 e ss.. Esta doutrina foi posteriormente retomada pelo Parecer da PGR n.º 101/87, de 3 de Dezembro de 1987, DR, II Série, n.º 99, de 29.4. 1988, 3914 e ss., no qual se concluíu que a imunidade parlamentar prevista no n.º 3 do art. 160.º da CRP (e no n.º 2 do art. 11.º do Estatuto dos Deputados, aprovado pela Lei 3/85, de 13 de Março) não abrange o procedimento disciplinar.

([226]) Cfr. ROXIN, *Strafverfahrensrecht,* 21.ª ed., Munique, 1989, 325 e ss..

([227]) Cfr. ROXIN, *Strafverfahrensrecht,* cit., 328. Entre nós, designadamente no contencioso administrativo, uma recente tentativa de recuperação da *teoria da fundamentação* foi empreendida, na linha de NIGRO, por Rui Chancerelle de

O vigente CPP não fixa os efeitos do caso julgado penal ([228]). Daí a questão: será que tal implica a rejeição da doutrina constante do já conhecido art. 153.° do CPP de 1929 ou, dito doutro modo, qual a relevância disciplinar da sentença criminal que declarou existentes certos factos ou que os mesmos foram praticados por determinados agentes?

O princípio constitucional da prevalência das decisões judiciais (art. 208.°, n.° 2 CRP), de carácter normativo, não fornece por si só resposta a esta questão, a qual terá de ser buscada no facto de uma certidão da sentença criminal, como documento autêntico (art. 363.°, n.° 2 CC), fazer prova plena dos factos que nela são atestados com base nas percepções do julgador (art. 371.°, n.° 1 CC), ou seja, dos factos materiais da mesma constantes (art. 169.° CPP).

Este efeito vinculativo ([229]) – relativamente aos factos provados e à sua autoria, nunca à qualificação jurídica – funciona quer no caso de condenação, quer no de absolvição. Mas, por exemplo, a Administração não só pode em posterior procedimento disciplinar fazer a prova de que o montante indevidamente recebido pelo agente administrativo foi mais elevado do que aquele que consta da sentença criminal ([230]), como a declaração, pelo juiz, de que os factos não existiram, ou não se podem provar, serão irrelevantes (parte final do n.° 1 do art. 371.° CC), o mesmo sucedendo com a chamada absolvição «por insuficiência de provas», que o princípio constitucional da presunção de inocência (art. 32.°, n.° 2 CRP) convola num caso de verdadeira falta de prova.

MACHETE, *Relações jurídicas dependentes e execução de sentença (A propósito de dois acórdãos do Supremo Tribunal Administrativo),* ROA, ano 50, Julho de 1990, 395 e ss., 404.

([228]) Excepção feita à decisão sobre o pedido cível, a qual, ainda que absolutória, constitui caso julgado nos termos em que a lei atribui eficácia de caso julgado às sentenças civis (art. 84.° CPP), e à consagração no art. 403.° do caso julgado parcial. Cfr. LEAL-HENRIQUES/SIMAS SANTOS, *Recursos em processo penal,* Lisboa, 1988, 19 nota (10).

([229]) Em momento posterior, poderão ser os próprios tribunais administrativos a ficar assim vinculados.

([230]) Cfr. CLAUSSEN/JANZEN, ob. cit., 215.

Do Procedimento Admin. Disciplinar: As Relações com o Proc. Penal 105

A actual configuração da demissão a ser aplicada pelo juiz criminal tem o defeito de dar ampla margem ao subjectivismo do mesmo [231]. Na prática, alguns juízes abstraem da condição profissional do arguido [232], descurando interesses que o legislador pôs a seu cargo. Ora o caso julgado penal abrange o objecto do processo no seu todo, incluindo também as penas acessórias e os efeitos das penas [233]. E a demissão a ser aplicada pelo juiz tem precisamente o mesmo conteúdo e os mesmos efeitos do que a demissão imposta pelo competente órgão administrativo (arts. 12.º, n.º 8 e 13.º, n.º 11 ED e art. 68.º CP) [234]. Por isso, quando na sentença criminal não for decretada a demissão, a Administração não pode, em seguida, vir aplicá-la. No procedimento disciplinar que eventualmente tenha lugar, o agente administrativo será, no máximo, alvo da medida de aposentação compulsiva, que encerra uma declaração de de culpabilidade diferente (menos grave) da demissão.

3.6.2. A relevância disciplinar das causas de exclusão da ilicitude criminal

Na linha do ED 1979, que pela primeira vez consagrou legalmente causas de exclusão da ilicitude disciplinar [235], o

---

[231] Conforme ficou claro ao tempo de discussão do Projecto de Eduardo CORREIA no seio da respectiva Comissão revisora. Cfr. *Actas das sessões da Comissão revisora do Código Penal*, Parte geral, II, cit., 101. Inconformado, FIGUEIREDO DIAS, *Direito penal 2*, cit., 191.

[232] Cfr. Vinício RIBEIRO, *Estatuto disciplinar dos funcionários públicos. Comentado (Direito substantivo),* Coimbra, 1990, 134, referindo exemplificativamente o caso que subjaz ao Parecer da PGR n.º 163/82, cit. na nota (225).

[233] Cfr. ROXIN, *Strafverfahrensrecht,* cit., 328.

[234] Cfr. FIGUEIREDO DIAS, *Direito penal 2,* cit., 191/192/193.

[235] Cfr. João ALFAIA, *Dirimentes (da responsabilidade disciplinar),* DJAP, IV, 120/121 nota (1). É bem conhecida a afirmação de Marcello CAETANO, em 1932, considerando dispensável, porque se tratava de matéria marcadamente discricionária, na qual tinha lugar uma «equilibrada equidade», que o legislador fixasse quaisquer circunstâncias dirimentes da responsabili-

vigente ED enumera as seguintes: o dever de obediência hierárquica (art. 10.º ED) [236], a legítima defesa, própria ou alheia, e o exercício de um direito ou o cumprimento de um dever (respectivamente, als. c) e e) do art. 32.º ED). Mais do que proceder à comparação, em abstracto, das causas de justificação constantes do ED e do CP, procurando um qualquer paralelismo que bem pode revelar-se injustificado, importa determinar qual a relevância disciplinar das causas de exclusão da ilicitude criminal verificadas por sentença transitada em julgado [237].

Atente-se então no caso da conduta do agente de autoridade que disparou a sua arma em legítima defesa ou ao abrigo do direito de necessidade. São conhecidas as normas jurídico-públicas que regulam o uso de armas de fogo por agentes da polícia [238], realizando exigências impostas quer pelo princípio da legalidade administrativa, quer pelo princípio da proporcionalidade. Por outro

---

dade disciplinar. Cfr. CAETANO, *Do poder disciplinar no direito administrativo português,* Coimbra, 1932, 98. Mas já na vigência do ED 1943, que acolheu a referida orientação, vinda aliás do legislador de 1913, as dirimentes da responsabilidade disciplinar não só não eram desconhecidas ou negadas, como havia mesmo quem aplicasse no domínio disciplinar as causas de exclusão da ilicitude previstas pelo direito penal. Cfr., respectivamente, ALFAIA, *Regime jurídico do funcionalismo,* Lisboa, 1962, 489/490, e FAVEIRO, ob. cit., 85/86 e 124.

[236] Sobre o dever de obediência hierárquica, desenvolvidamente, OTERO, *Conceito e fundamento da hierarquia administrativa,* Coimbra, 1992, 153 e ss..

[237] Sobre a aplicabilidade das causas de exclusão da ilicitude criminal à infracção fiscal, BRAZ TEIXEIRA, *Direito fiscal,* II, Lisboa, 1985, 67 e ss., Pedro Soares MARTÍNEZ, *Manual de direito fiscal,* 4.ª reimpressão, Coimbra, 1990, 335 e ss., e SÁ GOMES, *Direito penal fiscal* (Cadernos de Ciência e Técnica Fiscal, n.º 128), Lisboa, 1983, 285 e ss.. Por outro lado, colocando a questão dos efeitos da responsabilidade disciplinar de um médico ou de um advogado perante as respectivas ordens profissionais no plano dos limites do dever de obediência relativamente à entidade empregadora, LEITE, ob. cit., 288 nota (9).

[238] V. DL 458/82, de 24 de Novembro, para a Polícia Judiciária, e DL 364/83, de 28 de Setembro, relativamente à Polícia de Segurança Pública.

Do Procedimento Admin. Disciplinar: As Relações com o Proc. Penal 107

lado, aspecto este que foi atrás analisado ([239]), o princípio da unidade do ordenamento jurídico não preclude a existência de vários juízos de ilicitude, determinados pelas funções próprias dos diversos sectores do ordenamento.

Daí que a resposta surja com facilidade: as causas de exclusão da ilicitude criminal, verificadas por sentença transitada em julgado, limitam-se a justificar o ilícito criminal, relevando os referidos normativos sobre uso de armas de fogo por agentes de autoridade no plano da respectiva responsabilidade disciplinar, ou seja, uma determinada conduta de um agente da polícia, ainda que criminalmente justificada, poderá constituir ilícito disciplinar, designadamente por violação das regras que disciplinam o emprego de armas de fogo. Insista-se neste ponto: é lógica e juridicamente possível que o direito criminal tolere uma determinada actuação, a qual é alvo de censura pelo direito disciplinar ([240]).

Foi esta a solução adoptada, na Alemanha, pelo *Projecto--modelo de uma lei unitária de direito de polícia do Estado federal e dos Estados federados,* de 1977, que pretendeu afirmar a especialidade das causas de justificação segundo os vários ramos do direito ([241]). É que a auto-disciplina estadual impunha exigências mais apertadas à actividade do Estado, por comparação com a do comum cidadão. Daí que as proibições e limitações jurídico--públicas, condicionando a actividade da Administração, prevalecessem sobre as causas de justificação dos direitos civil e penal, isto é, estas últimas não valessem simultaneamente como autorizações para a actividade do poder público ([242]).

([239]) *Supra,* 1.ª Parte, Cap. I, 2.

([240]) Cfr. ROXIN, *Strafrecht,* cit., 442. Contra, Friedrich SCHAFFSTEIN, *Die strafrechtlichen Notrechte des Staates, in Gedächtnisschrift für Horst Schröder,* Munique, 1978, 97 e ss., 108/109. Sobre a matéria, entre outros, Manfred SEEBODE, *Polizeiliche Notwehr und Einheit der Rechtsordnung, in Festschrift für Ulrich Klug zum 70. Geburtstag,* II, Colónia, 1983, 359 e ss..

([241]) Cfr. KIRCHHOF, ob. cit., 28.

([242]) Cfr. KIRCHHOF, ob. cit., 35. Do mesmo Autor, *Polizeiliche Eingriffsbefugnisse und private Nothlife,* NJW, 1978, caderno 20, 970 e ss..

No exemplo de há pouco, a responsabilidade penal do polícia que actou em legítima defesa ou ao abrigo do direito de necessidade rege-se pelo disposto no CP; a disciplinar, segundo os preceitos sobre o emprego de armas de fogo. Deste modo, o agente de autoridade não passa a sofrer um tratamento, pelo direito penal, mais desfavorável do que o do comum cidadão, conservando, por outro lado, os normativos que regulam a utilização de armas de fogo por membros da polícia o respectivo efeito útil. A admissibilidade de diferentes consequências em função de pressupostos também eles diversos, realiza o princípio da igualdade e, por essa via, a justiça ([243]).

([243]) O STA, aplicando no domínio disciplinar a causa de exclusão da ilicitude direito de necessidade – «estado de necessidade» na terminologia do referido Tribunal, que é também a do anterior CP – estabeleceu a relação com os deveres a que o agente administrativo, pelo facto de o ser, se encontra adstrito. Trata-se do Ac. do STA-1.ª Secção, de 26 de Março de 1981 (caso do Dr. Manuel Macedo Monteiro Curto), AD, ano XX, n.º 240, 1399 e ss., no qual se considerou justificada a conduta de um funcionário da Embaixada de Portugal em Teerão, que dela se ausentou sem ter pedido autorização, visto que o seu salário não lhe permitia sobreviver, atento o aumento do custo de vida que ao tempo ali se verificou. Como afirmou o STA, os sacrifícios exigíveis a um funcionário diplomático têm que se encontrar em relação directa e imediata com a sua carreira, o que não era o caso. Sobre legítima defesa, Ac. do STA-1.ª Secção, de 2 de Dezembro de 1983 (caso de Manuel José Lopes Gonçalves), Apêndice DR de 5 de Dezembro de 1986, 4788 e ss.; a dirimente exercício de um direito ou cumprimento de um dever foi analisada no Ac. do STA-1.ª Secção, de 10 de Outubro de 1985 (caso de Porfírio Ramos), AD, ano XXVI, n.º 303, 330 e ss.; também sobre exercício de um direito, Ac. do STA-1.ª Secção, de 27 de Junho de 1989 (caso de Francisco Manuel Limpo de Faria Queiroz), processo n.º 26.357, não publicado. Estes dois últimos Acórdãos enquadram-se na problemática da defesa de interesses legítimos como causa de exclusão da ilicitude disciplinar, já que é isso que sucede quando um agente administrativo, assumindo a defesa de interesses próprios que o são também do serviço, ofende, por exemplo, um seu superior hierárquico.

Por outro lado, entre nós, o CC consagrou, como requisito da legítima defesa, o facto de o prejuízo causado pelo acto de defesa não ser *manifestamente superior* ao que pode resultar da agressão (parte final do n.º 1 do artigo 337.º

Esta solução suscita, é certo, algumas dúvidas do ponto de vista da política criminal. A possibilidade de vir a ser disciplinarmente responsabilizado pode inibir o agente de autoridade de actuar, cumprindo a sua função([244]). Por isso, há quem defenda que as especiais regras sobre uso de armas de fogo devem ser ponderadas no juízo de concretização das causas de exclusão da ilicitude criminal ([245]), sem que tal implique reconhecer aos particulares a possibilidade de irem mais longe do que as próprias autoridades, já que a contenção do exercício do poder privado nos limites de aplicação da força pública é uma natural decorrência do princípio da subsidiariedade da defesa privada ([246]). Aliás, a detenção, uso e porte de armas por particulares encontra-se legalmente proibida, sujeita a licença administrativa ([247]), sob pena de prática de um crime (art. 260.º CP).

Mas o simples facto de, por exemplo, o consentimento do ofendido (arts. 38.º e 39.º CP) não poder funcionar como causa de exclusão da ilicitude disciplinar, sob pena de se subverter o princípio da legalidade administrativa ([248]) faz com que se conclua no sentido de, mais uma vez, romper com a doutrina que defende um conceito unitário de ilícito, válido para todos os ramos do direito. Apesar da aproximação, desde logo efectuada pelo próprio

---

CC), requisito que parece não ter qualquer correspondência no art.. 32.º CP. Defendendo a derrogação tácita, nessa parte, do art. 337.º, n.º 1 CC pelo art. 32.º CP, Maria da Conceição Santana VALDÁGUA, *Aspectos da legítima defesa no Código Penal e no Código Civil,* Lisboa, 1990, 37 e ss.. Sobre este problema, mas sustentando a unidade material entre a legítima defesa penal e civil, PALMA, *A justificação por legítima defesa como problema de delimitação de direitos,* I, Lisboa, 1990, 575 e ss..

([244]) Cfr. ROXIN, *Strafrecht,* cit., 442 e SHAFFSTEIN, ob. e loc. cits., 109.

([245]) Cfr. ROXIN, *Strafrecht,* cit., 442/443.

([246]) Cfr. PALMA, *A justificação por legítima...,* I, cit., 526.

([247]) V. DL 37.313, de 21 de Fevereiro de 1949, e DL 207-A/75, de 17 de Abril.

([248]) Cfr. LINDGEN, *Handbuch...,* I, cit., 363/364 e, entre nós, CASTRO NEVES, *O novo Estatuto disciplinar (1984) – algumas questões (1.ª parte),* RMP, ano 5.º, vol 20, 7 e ss., 38/39.

legislador, entre causas de exclusão da ilicitude criminal e disciplinar, as primeiras, verificadas por sentença transitada em julgado,
não valem no domínio disciplinar como efeito automático ou
necessário da unidade do ordenamento jurídico, que ainda está por
realizar, sendo sempre preciso demonstrar essa aplicabilidade em
concreto.

3.6.3. A possibilidade de ulterior procedimento disci-plinar. O princípio da proporcionalidade

É pacífico que a garantia constitucional do *ne bis in idem* (art.
103.º, n.º 3 LF e art. 29.º, n.º 5 CRP) vai mais além do que aquilo
que resulta do seu sentido literal, ou seja, não proíbe apenas uma
dupla punição, como também preclude que determinada pessoa,
condenada ou absolvida pela prática de certo crime, venha a
responder de novo pelo mesmo perante um tribunal [249]. Mas a
independência entre os ilícitos criminal e disciplinar faz com que
o mesmo facto possa desencadear a aplicação cumulativa de uma
sanção criminal e de uma medida disciplinar. Por isso se pergunta:
sanções a mais para a prática do mesmo facto?

Os imperativos do Estado de direito (art. 2.º CRP) [250] e, desde
logo, o princípio da proporcionalidade (art. 266.º, n.º 2 CRP) têm
aqui um importante papel a desempenhar [251]. É necessário que,
apesar da condenação criminal, existam interesses disciplinares
autónomos ainda carecidos de tutela. A medida disciplinar a ser
aplicada ao lado da pena criminal terá que cumprir uma função

---

[249] Cfr. Christian BERTEL, *Die Identität der Tat (Der Umfang von Prozessgegenstand und Sperrwirkung im Strafverfahren)*, Viena/Nova Iorque, 1970, 187/188.

[250] O Estado de direito impõe que uma medida disciplinar privativa da liberdade (art. 27.º, n.º 3 CRP) seja tomada em consideração na posterior aplicação de pena criminal igualmente privativa da liberdade. Cfr.BLECKMANN,*Staatsrecht II – Die Grundrechte*, cit., 1035.

[251] Cfr. Bodo PIEROTH/Bernhard SCHLINK, *Grundrechte. Staatsrecht II*, 5.ª ed., Heidelberg, 1989, 287/288.

Do Procedimento Admin. Disciplinar: As Relações com o Proc. Penal 111

própria, sob pena de se tornar *inadequada, desnecessária* e *excessivamente custosa,* assim violando o *princípio da proporcionalidade.*

Como determinar, porém, a necessidade da aplicação de uma medida disciplinar, na perspectiva da motivação do agente administrativo para o cumprimento, no futuro, dos seus deveres? As dificuldades aumentam sempre que as sanções são idênticas, como sucede quando se trata de duas multas ([252]), caso em que os fins do direito disciplinar bem poderão já ter sido realizados pela condenação criminal. Só as particularidades de cada caso concreto permitirão uma resposta ao mesmo adequada. O princípio da proporcionalidade fornece, porém, desde já, algumas indicações: os casos que conduzam à aplicação de medidas disciplinares leves (ex.: repreensão escrita) ficarão impunes, só podendo ser perseguidos disciplinarmente aqueles que sejam susceptíveis de desencadear a aplicação das sanções mais graves ([253]).

([252]) Cfr. Kurt BEHNKE, *Bundesdisziplinarordnung,* cit., 128, e Walter WIESE, *Der Verfassungssatz ne bis in idem – Art. 103 Abs. 3 GG – und das Verhältnis von Kriminalrecht und Dienststrafrecht (2.ª parte),* VerwArch, tomo 56, caderno 4, 354 e ss., 363.

([253]) É a solução do § 14.º BDO.

CAPÍTULO III

CONCLUSÕES

Eis chegada a altura de alinhar as principais ideias defendidas neste trabalho:

1. A infracção disciplinar como infracção *formal,* consistindo na violação culposa por um agente administrativo de um ou mais deveres a cujo cumprimento, pelo facto de o ser, se encontra vinculado, e *atípica,* já que, diferentemente da criminal, não tem como condição necessária da sua existência o tipo legal.

2. O ilícito disciplinar dotado de *autonomia,* com possibilidade de cumulação das responsabilidades disciplinar e criminal pela prática do mesmo facto, e possuindo um significado material, sendo o bem jurídico tutelado a *capacidade funcional da Administração pública,* não apenas a legalidade administrativa, como o comprova o catálogo legal de deveres a que se encontram adstritos os agentes administrativos, que obriga a bem mais do que ao mero cumprimento da lei.

3. A unidade do ordenamento jurídico como uma tarefa a realizar ou um objectivo a atingir, sendo os vários juízos de ilicitude determinados pelas funções próprias dos diversos sectores do referido ordenamento, facto que faz com que os mesmos se circunscrevam aos seus domínios

e as respectivas causas de justificação valham apenas, em princípio, para os ramos que as prevêem.

4. As medidas disciplinares com as suas finalidades características de *prevenção especial ou correcção,* motivando o agente administrativo que praticou uma infracção disciplinar para o cumprimento, no futuro, dos seus deveres, sendo a culpa *pressuposto* e *limite* da sua aplicação, mas não seu *fundamento.*

5. O juízo disciplinar como um juízo global do comportamento do agente administrativo, no sentido de diversos factos, praticados em momentos diferentes, e violando distintos deveres, darem origem a uma única infracção disciplinar – *princípio da unidade da infracção disciplinar.*

6. O exercício do poder disciplinar intimamente ligado ao *princípio da oportunidade,* o qual, sendo simultaneamente um princípio de direito disciplinar material e processual, significa que a Administração não tem o dever de perseguir disciplinarmente todas as infracções, podendo sempre fazer prevalecer os interesses de que é portadora, que podem justificar que determinada falta fique impune.

7. Mas sem que o princípio da oportunidade consubstancie a existência de discricionariedade quanto ao conteúdo da decisão disciplinar ou subtraia a Administração ao *dever de investigar* e esclarecer cabalmente os factos que se encontram na base das suas decisões, sob pena de, não o fazendo, violar os parâmetros constitucionais que dirigem a sua acção, entre os quais avulta o *princípio da proporcionalidade.*

8. O importante papel do *princípio da proporcionalidade* em sede do controlo jurisdicional da decisão disciplinar, muito concretamente aquando do juízo relativo à sua

adequação aos factos, permitindo aferir da conformidade entre a actividade administrativa e os fins que a justificam.

9. O direito disciplinar a desempenhar um papel de *garantia* dos próprios direitos e interesses dos agentes administrativos, assegurando o correcto exercício do poder disciplinar, sendo que a existência de um procedimento disciplinar com as garantias de audiência e defesa do visado é condição *necessária* para que possa ter lugar a aplicação de uma medida disciplinar.

10. A existência de conceitos, princípios e institutos próprios do direito disciplinar, por um lado, e a autonomia do ilícito disciplinar, designadamente na sua dimensão material, de protecção da capacidade funcional da Administração pública, pelo outro, como a prova da *autonomia* deste ramo de direito.

11. A natureza do procedimento disciplinar enquanto procedimento administrativo especial, de carácter sancionatório, assim como o disposto pelo CPA, a determinarem que no processo de integração de lacunas se recorra, em primeiro lugar, esgotada a analogia dentro do próprio direito processual disciplinar, às *normas e princípios do procedimento administrativo em geral,* só em seguida se fazendo apelo às *normas e princípios do direito processual penal,* aplicáveis na medida em que não contrariem a especificidade do procedimento disciplinar e como forma de realizar as exigências do Estado de direito, surgindo, por último, o recurso ao *direito processual civil,* matriz de todo o processo.

12. A ausência, no direito português, de efeito suspensivo do processo penal relativamente ao procedimento disciplinar quando ambos versam sobre os mesmos factos, podendo, no entanto, a Administração, uma vez instaurado o com-

petente procedimento disciplinar, nele proferir despacho no sentido de se ficar a aguardar a sentença criminal ([254]).

13. A inconstitucionalidade do normativo constante do art. 6.º ED, que determina a suspensão automática de funções e do vencimento de exercício por força de despacho de pronúncia, com trânsito em julgado, em determinados processos-crime, por violação desproporcionada do princípio constitucional da presunção de inocência, e, sobretudo, a *revogação tácita,* por *incompatibilidade,* daquele preceito pelo art. 199.º CPP, nos termos do qual a aplicação da medida de coacção que é a suspensão do exercício da função pública resulta hoje de uma valoração feita pelo juiz criminal àcerca da sua necessidade no caso concreto.

14. O efeito vinculativo da sentença criminal no domínio disciplinar – relativamente aos *factos provados* e à sua *autoria,* nunca à respectiva qualificação jurídica –, agora já não como efeito do caso julgado penal, antes a resultar da especial força probatória de que disfruta, enquanto documento autêntico, uma certidão da sentença criminal.

15. A impossibilidade de a Administração aplicar a medida de demissão quando o juiz criminal, cabendo-lhe decretá-la na sentença condenatória, o não fez, dado o caso julgado criminal abranger as penas acessórias e os efeitos das penas, tendo também a demissão a ser imposta pelo juiz o mesmo conteúdo e efeitos daquela que é aplicada pelo competente órgão administrativo.

([254]) A não suspensão do procedimento disciplinar por força do processo penal é até a solução que melhor se adequa à realidade do funcionamento da justiça criminal no nosso país, embora o mau funcionamento de um serviço do Estado não seja argumento a ter aqui em consideração.

Do Procedimento Admin. Disciplinar: As Relações com o Proc. Penal 117

16. A relevância disciplinar das causas de exclusão da ilicitude criminal verificadas por sentença transitada em julgado a ter que ser comprovada caso a caso, já que, apesar da aproximação neste ponto estabelecida pelo legislador, é lógica e juridicamente possível o direito criminal tolerar uma conduta que o direito disciplinar censura.

17. A necessidade, por força do *princípio da proporcionalidade,* da existência de interesses disciplinares autónomos carecidos de tutela para que possa ter lugar a aplicação de uma medida disciplinar pela prática de factos que já determinaram uma condenação criminal, tendo a medida disciplinar a ser aplicada ao lado da pena criminal, portanto, que cumprir uma função própria.

Concluindo: um vasto programa de valorações disciplinares encontra-se a cargo do juiz penal: arts. 199.º CPP e 66.º CP ([255]). Algo que, aliás, vem sendo tradicional no ordenamento português ([256]). Processo penal e procedimento disciplinar não se encontram «de costas voltadas um para o outro». A conhecida independência não é sinónimo de indiferença, nomeadamente da entidade administrativa relativamente à sentença criminal ([257]).

Estes dados, merecendo ser considerados na problemática da separação de poderes, uma vez que mostram como não corresponde à realidade o conhecido critério que opera o fraccionamento do

---

([255]) No sentido de que os arts. 66.º e 69.º CP não têm nada a ver com a perigosidade criminal dos deliquentes, ou melhor, de que não se trata aí de defesa em face do risco de violação de bens jurídico-penais, mas, pelo contrário, de garantir o *prestígio* e a *operacionalidade* do serviço ou função, numa perspectiva de utilidade pública, ALMEIDA COSTA, *O registo criminal,* Coimbra, 1985, 235/236.

([256]) Cfr. Eduardo CORREIA, *A evolução histórica das penas,* BFDUC, vol. LIII, 1977, 51 e ss., 85, 93, 102, 116 e 150.

([257]) Cfr. René CHAPUS, *Droit administratif général,* tomo 2, 4.ª ed., Paris, 1990, 256.

poder pela pluralidade de órgãos em perfeita coincidência com a distinção entre as funções do Estado, de modo que a cada conjunto de órgãos corresponda uma única função, não permitem, no entanto, nem como mero exercício de construção jurídica, desprovido de consequências práticas, que se afirme um qualquer triunfo ou primado do processo penal sobre o procedimento disciplinar no direito português vigente, sobretudo estabelecendo a comparação com a, aí sim, subordinação do regime processual do direito de mera ordenação social ao direito processual penal [258].

Num futuro não muito distante, talvez se venha a aprofundar a relação, em certos casos [259], entre os ilícitos criminal e disciplinar, assim como as respectivas consequências no plano processual, tarefa esta que, contudo, ainda está por realizar.

---

[258] Cfr. Joaquim Pedro Formigal CARDOSO DA COSTA, *O recurso para os tribunais judiciais da aplicação de coimas pelas autoridades administrativas,* CTF, n.º 336, Abril-Junho de 1992, 39 e ss., 58.

[259] Pense-se, por exemplo, na violação de segredo por funcionário (arts. 3.º, n.º 4 e) e n.º 9, 24.º, n.º 1 g), e 26.º, n.º 4 a) ED e art. 433.º CP). Sobre este ponto, Rodrigo SANTIAGO, *Do crime de violação de segredo profissional no Código Penal de 1982,* Coimbra, 1992, 195. Por seu turno, as exigências decorrentes do princípio da imparcialidade, nomeadamente o dever de isenção (art. 3.º, n.º 4 a) e n.º 5 ED), podem relacionar-se com o crime de corrupção (passiva) (art. 420.º e ss. CP). Sobre este último, ALMEIDA COSTA, *Sobre o crime de corrupção, in Estudos em homenagem ao Prof. Doutor Eduardo Correia/ Número especial do BFDUC,* I, cit., 55 e ss..

ÍNDICE DE JURISPRUDÊNCIA DO STA *

Ac. do STA - 1.ª Secção, de 29 de Maio de 1970 (caso de José Basílio Teodósio), AD, ano X, n.º 111, 336 e ss..

Ac. do STA - Trib. Pleno, de 17 de Dezembro de 1980 (caso de João Teixeira de Carvalho Lunet Ferreira), AD, ano XX, n.º 233, 637 e ss..

Ac. do STA - 1.ª Secção, de 26 de Março de 1981 (caso do Dr. Manuel Macedo Monteiro Curto), AD, ano XX, n.º 240, 1399 e ss..

Ac. do STA - 1.ª Secção, de 2 de Dezembro de 1983 (caso de Manuel José Lopes Gonçalves), Apêndice DR de 5 de Novembro de 1986, 4788 e ss..

Ac. do STA - Trib. Pleno, de 6 de Junho de 1984 (caso de Antónia de Jesus Aurélio), AD, ano XXV, n.º 289, Janeiro de 1986, 62 e ss..

Ac. do STA - 1.ª Secção, de 19 de Julho de 1984 (caso de Maria Delfina Rosa Floxo Contente de Sousa), AD, ano XXIV, n.º 281, 510 e ss..

Ac. do STA - 1.ª Secção, de 29 de Novembro de 1984 (caso de Susana Maria de Brito Bernardo), AD, ano XXIV, n.º 283, 765 e ss..

Ac. do STA - 1.ª Secção, de 10 de Outubro de 1985 (caso de Porfírio Ramos), AD, ano XXVI, n.º 303, 330 e ss..

Ac. do STA - 1.ª Secção, de 4 de Fevereiro de 1986 (caso de Hélder Manuel Silva Lima dos Santos), AD, ano XXVI, n.º 304, 463 e ss..

Ac. do STA - Trib. Pleno, de 22 de Abril de 1986 (caso de Luís Teixeira Laranjeira e outro), AD, ano XXV, n.º 300, 1548 e ss..

Ac. do STA - 1.ª Secção, de 20 de Novembro de 1986 (caso de Manuel Sebastião Ferreira Rodrigues), AD, ano XXVII, n.º 315, 310 e ss..

Ac. do STA - Trib. Pleno, de 27 de Novembro de 1986 (caso do Eng. Armando Rodrigues de Carvalho), AD, ano XXVI, n.º 305, 706 e ss..

---

* Indicam-se por ordem cronológica os Acórdãos do STA referenciados no texto.

Ac. do STA - 1.ª Secção, de 4 de Junho de 1987 (caso de Cândido da Silva Taveira Sarmento), processo n.º 19.688, não publicado.

Ac. do STA - 1.ª Secção, de 12 de Janeiro de 1988 (caso de José Miguel Marques Aparício), BMJ, n.º 373, Fevereiro de 1988, 343 e ss..

Ac. do STA - 1.ª Secção, de 11 de Fevereiro de 1988 (caso de João Manuel Paixão), BMJ, n.º 374, Março de 1988, 301 e ss..

Ac. do STA - 1.ª Secção, de 21 de Abril de 1988 (caso de Rosa da Purificação dos Santos Carvalho), AD, ano XXVII, n.ºs 320/321, 1045 e ss..

Ac. do STA - 1.ª Secção, de 3 de Maio de 1988 (caso de Elisabete Mendes Gonçalves de Sousa Almeida), BMJ, n.º 377, Junho de 1988, 280 e ss..

Ac. do STA - 1.ª Secção, de 7 de Junho de 1988 (caso de Ana Maria Simões dos Santos Galvão), BMJ, n.º 378, Julho de 1988, 511 e ss..

Ac. do STA - 1.ª Secção, de 2 de Novembro de 1988 (caso de José David Lemos Calvo), AD, ano XXX, n.º 355, 819 e ss..

Ac. do STA – 1.ª Secção, de 10 de Janeiro de 1989 (caso de Maria do Rosário Neves Ferro), AD, ano XXIX, n.º 342, 744 e ss..

Ac. do STA - Trib. Pleno, de 26 de Janeiro de 1989 (caso de José Martins Carrondo), AD XXVIII, n.ºs 332/333, 1087 e ss..

Ac. do STA - 1.ª Secção, de 16 de Fevereiro de 1989 (caso de Pedro Machado), AD, ano XXVIII, n.º 336, 1460 e ss..

Ac. do STA - 1.ª Secção, de 9 de Março de 1989 (caso de José Jacinto Beato Ferreira), AD, ano XXIX, n.º 338, 191 e ss..

Ac. do STA - 1.ª Secção, de 13 de Abril de 1989 (caso de Adão Lourenço), AD, ano XXIX, n.º 339, 331 e ss..

Ac. do STA - 1.ª Secção, de 23 de Maio de 1989 (caso do Dr. Manuel Alves da Piedade), AD, ano XXVIII, n.º 336, 1513 e ss..

Ac. do STA - 1.ª Secção, de 27 de Junho de 1989 (caso de Francisco Manuel Limpo de Faria Queiróz), processo n.º 26.357, não publicado.

Ac. do STA - 1.ª Secção, de 6 de Julho de 1989 (caso de Maria Rosalina Carvalho Monteiro), AD, ano XXIX, n.º 340, 484 e ss..

Ac. do STA - 1.ª Secção, de 26 de Setembro de 1989 (caso de Elisa Maria Ramos Craveiro Coelho Proa), BMJ, n.º 389, Outubro de 1989, 380 e ss..

Ac. do STA - 1.ª Secção, de 4 de Outubro de 1989 (caso de Manuel Humberto da Silva Fontes), AD, ano XXXI, n.º 361, 32 e ss..

Ac. do STA - 1.ª Secção, de 24 de Outubro de 1989 (caso de Eduardo dos Santos), AD, ano XXXI, n.º 363, 313 e ss..

Ac. do STA - 1.ª Secção, de 10 de Novembro de 1989 (caso de Alfredo Manuel do Sacramento de Assis Cirne), AD, ano XXX, n.º 351, 320 e ss..

Ac. do STA - Trib. Pleno, de 15 de Fevereiro de 1990 (caso da ESTORIL-SOL, SARL), AD, ano XXIX, n.º 346, 1241 e ss..

Ac. do STA - 1.ª Secção, de 1 de Março de 1990 (caso de Maria Domitília Monteiro Fernandes Oliveira), AD, ano XXXI, n.º 362, 168 e ss..

Ac. do STA - 1.ª Secção, de 2 de Março de 1990 (caso de José Manuel Rafael Luís), AD, ano XXXI, n.º 365, 604 e ss..

Ac. do STA - 1.ª Secção, de 15 de Março de 1990 (caso de Teresa da Conceição Xavier Vieira), AD, ano XXX, n.º 349, 15 e ss..

Ac. do STA - 1.ª Secção, de 28 de Junho de 1990 (caso do Dr. Rafael Albano de Oliveira Moreira), AD, ano XXX, n.º 359, 1250 e ss..

Ac. do STA - 1.ª Secção, de 27 de Setembro de 1990 (caso do Dr. Francisco Lopo de Carvalho), AD, ano XXX, n.º 352, 451 e ss..

Ac. do STA - 1.ª Secção, de 9 de Outubro de 1990 (caso da Dr.ª Maria Ângela Fernandes da Cunha), AD, ano XXX, n.º 359, 1209 e ss..

Ac. do STA - 1.ª Secção, de 31 de Outubro de 1990 (caso do Dr. José Alberto da Cunha Oliveira), AD, ano XXX, n.º 356/357, 956 e ss..

Ac. do STA - Trib. Pleno, de 18 de Dezembro de 1990 (caso de Norberto Duarte Pires), AD, ano XXX, n.º 355, 880 e ss..

Ac. do STA - 1.ª Secção, de 14 de Maio de 1991 (caso de Maria Eugénia de Sousa Brito), AD, ano XXXII, n.º 374, 150 e ss..

ÍNDICE BIBLIOGRÁFICO *

Actas das sessões da Comissão revisora do Código Penal, Parte geral, I e II, ed. Associação Académica/Lisboa.

ALEXY, Robert
— *Theorie der Grundrechte,* Francfort, 1986.

ALFAIA, João
— *Dirimentes (da responsabilidade disciplinar),* DJAP, IV, Lisboa, 1991, 120/121.
— *Regime jurídico do funcionalismo,* Lisboa, 1962.

ALMEIDA COSTA, António Manuel de
— *O registo criminal,* Coimbra, 1985.
— *Sobre o crime de corrupção, in Estudos em homenagem ao Prof. Doutor Eduardo Correia/Número especial do BFDUC,* I, Coimbra, 1984, 55 e ss..
— v. CORREIA, Eduardo.

ALMEIDA FERRÃO, Alfredo Mendes de
— *Questões prévias e prejudiciais no contencioso administrativo,* Coimbra, 1958.

ASCENSÃO, José de Oliveira
— *O Direito. Introdução e Teoria Geral (Uma perspectiva luso-brasileira),* 6.ª ed., Coimbra, 1991.

AZEVEDO MOREIRA, Fernando
— *Conceitos indeterminados: sua sindicabilidade contenciosa,* RDP (P), ano I, n.º 1, Novembro de 1985, 15 e ss..

---

* Apenas se referem trabalhos citados.

124 Luís Vasconcelos Abreu

BACHOF, Otto
— v. WOLFF, Hans.

BADURA, Peter
— *Grenzen und Alternativen des gerichtlichen Rechtsschutzes in Verwaltungsstreitsachen*, JA, 16.° ano, 1984, caderno 2, 83 e ss..

BARBOSA DE MELO, António
— *Curso de Ciência da Administração (1985/1986), (Sumários e notas)*, Universidade Católica Portuguesa/Curso de Direito do Porto, 1986, ed. policopiada.
— *Direito administrativo II (A protecção jurisdicional dos cidadãos perante a Administração pública)*, Coimbra, 1987, ed. policopiada.
— *Notas de contencioso comunitário*, Coimbra, 1986; ed. policopiada.

BARREIROS, José António
— *Processo penal — 1*, Coimbra, 1981.

BAUDRILLARD, Jean
— *A sociedade de consumo*, trad. portuguesa, Lisboa, 1981.

BAYER, Karl
— *Der Grundsatz der Einheit des Dienstvergehens im Wehrdisziplinarrecht, in Zum öffentlichen Dienst-und Disziplinarrecht/ Festgabe für Hans Rudolf Claussen*, Colónia/Berlim/Bona/Munique, 1988, 65 e ss..

BEHNKE, Herbert
— *Strafe und Massnahme im Disziplinarrecht. Ein Beitrag zur Neuorientierung des Beamtendisziplinarrechts unter besondere Berücksichtigung des Problems der Doppelbestrafung*, Munique, 1972, ed. do Autor.

BEHNKE, Kurt
— *Bundesdisziplinarordnung*, 2.ª ed., Estugarda/Berlim/Colónia/Mainz, 1970.

BELEZA, Teresa Pizarro
— *Direito penal*, I, 2.ª ed., Lisboa, 1985.
— *Direito penal*, II.
— *Ilicitamente comparticipando — o âmbito de aplicação do art. 28.° do Código Penal, in Estudos em homenagem ao Prof. Doutor Eduardo Correia/Número especial do BFDUC*, III, Coimbra, 1984, 589 e ss..

Do Procedimento Admin. Disciplinar: As Relações com o Proc. Penal 125

BERTEL, Christian
- *Die Identität der Tat (Der Umfang von Prozessgegenstand und Sperrwirkung im Strafverfahren),* Viena/Nova Iorque, 1970.

BLECKMANN, Albert
- *Europarecht,* 5.ª ed., Colónia/Berlim/Bona/Munique, 1990.
- *Staatsrecht II – Die Grundrechte,* 3.ª ed., Colónia/Berlim/Bona/Munique, 1989.

BRAZ TEIXEIRA, António
- *Direito fiscal,* II, Lisboa, 1985.
- *Princípios de direito fiscal,* Coimbra, 1979.

BREWER CARIAS, Allan R.
- *Estado de derecho y control judicial,* Alcala de Henares – Madrid, 1987.

BYDLINSKI, Franz
- *Juristische Methodenlehre und Rechtsbegriff,* 2.ª ed., Viena/Nova Iorque, 1991.

CAEIRO, PEDRO
- *Colóquio internacional de direito penal. Breve crónica,* RPCC, ano I, fasc. 4, Outubro-Dezembro 1991, 629 e ss..

CAETANO, Marcello
- *Do poder disciplinar no direito administrativo português,* Coimbra, 1932.
- *Manual de direito administrativo,* II, 10.ª ed. (revista e actualizada por Diogo Freitas do Amaral), 3.ª reimpressão, Coimbra, 1990.

CALVÃO DA SILVA, João
- *Responsabilidade civil do produtor,* Coimbra, 1990.

CANARIS, Claus-Wilhelm
- *Pensamento sistemático e conceito de sistema na ciência do direito,* trad. portuguesa, Lisboa, 1989.

CANOTILHO, José Joaquim Gomes
- *Direito constitucional,* 5.ª ed., Coimbra, 1991.

126 *Luís Vasconcelos Abreu*

CARDOSO DA COSTA, Joaquim Pedro Formigal
— *O recurso para os tribunais judiciais da aplicação de coimas pelas autoridades administrativas,* CTF, n.º 366, Abril-Junho de 1992, 39 e ss..

CARVALHO, Messias/NUNES DE ALMEIDA, Vítor
— *Direito do trabalho e nulidade do despedimento,* Coimbra, 1984.

CASTANHEIRA NEVES, António
— *A unidade do sistema jurídico: o seu problema e o seu sentido, in Estudos em homenagem ao Prof. Doutor J. J. Teixeira Ribeiro/Número especial do BFDUC,* II, Coimbra, 1979, 73 e ss..

CASTRO FRAGA, Francisco
— v. MENEZES CORDEIRO, António.

CASTRO NEVES, João
— *O novo Estatuto disciplinar (1984) – algumas questões (1.ª parte) e (2.ª parte),* RMP, respectivamente, ano 5.º, vol. 20, 7 e ss., e ano 6.º, vol. 21, 9 e ss..

CASTRO E SOUSA, João
— *Os meios de coacção no novo Código de Processo Penal, in Estudos em homenagem ao Prof. Doutor Eduardo Correia/Número especial do BFDUC,* I, cit., 471 e ss..

CAVALEIRO DE FERREIRA, Manuel
— *Lições de direito penal,* I, 2.ª ed., Lisboa, 1987.

CHAPUS, René
— *Droit administratif général,* tomo 2, 4.ª ed., Paris, 1990.

CLAUSSEN, Hans Rudolf/JANZEN, Werner
— *Busdesdisziplinarordnung: Handkommentar unter Berücksichtigung des materiellen Disziplinarrechts,* 6.ª ed., Colónia/Berlim/Bona/Munique, 1990.

CORREIA, Eduardo
— *A evolução histórica das penas,* BFDUC, vol. LIII, 1977, 51 e ss..

CORREIA/RODRIGUES, Anabela Miranda/ALMEIDA COSTA, António Manuel de
— *Direito criminal – III (1),* Coimbra, 1980, ed. policopiada.

CORTES ROSA, Manuel
— *Die Funktion der Abgrenzung von Unrecht und Schuld im Strafrechtssystem,* texto dactilografado de uma conferência proferida em 21 de Maio de 1991 na Universidade de Coimbra, no âmbito do Colóquio internacional de direito penal *Para um sistema de direito penal europeu (Bausteine eines Gemeineuropäischen Strafrechtssystems),* que teve lugar por ocasião do doutoramento *honoris causa* do Prof. Doutor Claus ROXIN.

COSTA ANDRADE, Manuel da
— *Consenso e oportunidade (Reflexões a propósito da suspensão provisória do processo e do processo sumaríssimo),* in *O novo Código de Processo Penal/Jornadas de direito processual penal,* Coimbra, 1988, 317 e ss..
— *Consentimento e acordo em direito penal,* Coimbra, 1991.
— *Sobre as proibições de prova em processo penal,* Coimbra, 1992.

COSTA PIMENTA, José da
— *Introdução ao processo penal,* Coimbra, 1989.

CZAPSKI, Peter
— *Der Beamte als Staatsdiener und Staatsbürger — ein Beitrag zur Verteidigung des Berufsbeamtentums, in Zum öffentlichen Dienst — und Disziplinarrecht...,* cit., 11 e ss..

DELPÉRÉE, Francis
— *L'élaboration du droit disciplinaire de la fonction publique,* Paris, 1969.

DÜRSCHKE, G.
— *Die fortgesetzte Handlung im Disziplinarrecht,* ZBR, ano 8.º, caderno 2, Fevereiro de 1960, 45 e ss..

ENGISCH, Karl
— *Einführung in das juristische Denken,* 8.ª ed., Estugarda/Berlim/Colónia, 1983.
— *Die Einheit der Rechtsordnung,* reimpressão, Darmstadt, 1987.

ESTORNINHO, Maria João
— *Requiem pelo contrato administrativo,* Coimbra, 1990.

128 *Luís Vasconcelos Abreu*

FARIA COSTA, José
— *Aspectos fundamentais da problemática da responsabilidade objectiva no direito penal português,* Coimbra, 1981.

FAUSTO DE QUADROS
— *Os Conselhos de disciplina na Administração consultiva portuguesa,* Lisboa, 1974.

FAVEIRO, Vítor António Duarte
— *A infracção disciplinar,* Lisboa, 1962.

FERMIANO RATO, António Esteves
— *Reflexões sobre o Estatuto disciplinar dos funcionários e agentes da Administração central, regional e local. O problema da tipicidade de certas faltas disciplinares: as sujeitas a aplicação de penas graves,* DA, ano 2, n.º 7, 75 e ss..

FERNÁNDEZ, Tomás-Ramón
— v. GARCÍA DE ENTERRIA, Eduardo.

FERREIRA DA CUNHA, Paulo
— *O procedimento administrativo (Estrutura),* Coimbra, 1987.

FERREIRA PINTO, Maria da Glória
— *A disciplina na função pública,* texto de uma conferência gentilmente cedido pela A..
— *Princípio da igualdade. Fórmula vazia ou fórmula carregada de sentido?,* BMJ, n.º 358, Julho de 1986, 19 e ss..

FIGUEIREDO DIAS, Jorge de
— *Direito penal 2,* Coimbra, 1988, ed. policopiada.
— *Sobre o estado actual da doutrina do crime (1.ª parte) (Sobre os fundamentos da doutrina e a construção do tipo-de-ilícito),* RPCC, ano I, 1, Janeiro-Março 1991, 9 e ss..

FLIEDNER, Ortlieb
— *Die verfassungsrechtlichen Grenzen mehrfacher staatlicher Bestrafungen aufgrund desselben Verhaltens (Ein Beitrag zur Auslegung des Art. 103 Abs. 3 GG),* AöR, tomo 99, caderno 2, 1974, 242 e ss..
— *Die Zumessung der Disziplinarmassnahmen,* Berlin, 1972.

FREITAS DO AMARAL, Diogo
- *Conceito e natureza do recurso hierárquico,* I, Coimbra, 1981.
- *Curso de direito administrativo,* I, Coimbra, 1986.
- *Direito administrativo,* II, Lisboa, 1988.
- *Direito administrativo,* DJAP, IV, cit., 17 e ss..
- *Governos de gestão,* Lisboa, 1985.

FROWEIN, Jochen Abr.
- *Der europäische Menschenrechtsschutz als Beginn einer europäischen Verfassungsrechtsprechung,* JuS, 1986, caderno 11, 845 e ss..

GALVÃO, Sofia
- v. REBELO DE SOUSA, Marcelo.

GARCÍA DE ENTERRIA, Eduardo/FERNÁNDEZ, Tomás-Ramón
- *Curso de derecho administrativo,* I, 5.ª ed., Madrid, 1989.

GIANNINI, Massimo Severo
- *La denominada crisis del Estado,* in Revista de la Facultad de Derecho/ Universidad Complutense, Curso 1987-1988, Madrid, 1988, 9 e ss..
- *Premisas sociológicas e históricas del derecho administrativo,* trad. espanhola, Alcala de Henares – Madrid, 1987.

GOMES, Júlio
- *Uma função punitiva para a responsabilidade civil e uma função reparatória para a responsabilidade penal?,* RDE, ano XV, 1989, 105 e ss..

GONÇALVES PEREIRA, André
- *A garantia de recurso contencioso no texto constitucional de 1971, in Estudos de direito público em honra do Professor Marcello Caetano,* Lisboa, 1973, 241 e ss..

GONZALEZ PEREZ, Jesus
- *El principio general de la buena fe en el derecho administrativo,* 2.ª ed., Madrid, 1989.

GÜNTHER, Hans-Ludwig
- *Strafrechtswidrigkeit und Strafunrechtsausschluss,* Colónia/Berlim/ Bona/Munique, 1983.

HASSERMER, Winfried
— *recensão da obra de GÜNTHER*, NJW, 27.º ano, 1984, caderno 7, 351/352.

HELLFRITZSCH, Werner
— *Das ausserdienstliche Fehlverhalten der Beamten*, 2.ª ed., Colónia/Berlim/Bona/Munique, 1981.

HESPANHA, António M.
— *Représentation dogmatique et projets de pouvoir. Les outils conceptuels des juristes du ius commune dans le domaine de l'administration, in Wissenschaft und Recht der Verwaltung seit dem Ancien Régime (Org. Erk Volkmar Heyen)*, Frankfurt, 1984, 3 e ss.; na edição portuguesa, *Representação dogmática e projectos de poder. Para uma arqueologia da teoria do Direito Administrativo, in Estudos em homenagem ao Prof. Doutor A. Ferrer-Correia/Número especial do BFDUC*, III, Coimbra, 1991, 103 e ss..

HESSE, Konrad
— *Grundzüge des Verfassungsrechts der Bundesrepublik Deutschland*, 17.ª ed., Heidelberg, 1990.

HEYEN, Erk Volkmar
— *Otto Mayer: Studien zu den geistigen Grundlagen seiner Verwaltungsrechtswissenschaft*, Berlim, 1981.

HOFFMANN-RIEM, Wolfgang
— *Grenzen der Pflicht zur Durchführung von disziplinarrechtlichen Vorermittlungen*, DÖV, ano 31, caderno 21, Novembro de 1987, 781 e ss..

HÖRSTER, Heinrich Ewald
— *Nótula referente a alguns aspectos pontuais dos direitos potestativos (motivada pela Lei n.º 24/89, de 1 de Agosto)*, RDE, ano XV, 1989, 347 e ss..

JANZEN, Werner
— v. CLAUSSEN, Hans Rudolf.

JESCHECK, Hans-Heinrich
— *Lehrbuch des Strafrechts/Allgemeiner Teil*, 4.ª ed., Berlim, 1988.

Do Procedimento Admin. Disciplinar: As Relações com o Proc. Penal 131

KIMMINICH, Otto
— *Die Bedeutung des Beamtentums für die Herausbildung des modernen Staates, in Das Berufsbeamtentum im demokratischen Staat (Org. Walter Leisner),* Berlim, 1975, 47 e ss..

KISKER, Gunter
— *Vertrauensschutz im Verwaltungsrecht,* VVDStRL, caderno 32, Berlim/ /Nova Iorque, 1974, 149 e ss..

KIRCHHOF, Paul
— *Polizeiliche Eingriffsbefugnisse und private Nothilfe,* NJW, 1978, caderno 20, 969 e ss..
— *Unterschiedliche Rechtswidrigkeiten in einer einheitlichen Rechtsordnung,* Heidelberg/Karlsruhe, 1978.

LANDI, Guido/POTENZA, Guiseppe
— *Manuale di diritto amministrativo,* 8.ª ed. Milão, 1987.

LARENZ, Karl
— *Metodologia da ciência do direito,* trad. portuguesa, 2.ª ed., Lisboa.

LAUBINGER, Hans-Werner
— v. ULE, Carl Hermann.

LEAL-HENRIQUES, Manuel
— *Procedimento disciplinar,* 2.ª ed., Lisboa, 1989.

LEAL-HENRIQUES/SIMAS SANTOS, Manuel
— *O Código Penal de 1982,* I, reimpressão, Lisboa, 1991.
— *Recursos em processo penal,* Lisboa, 1988.

LEISNER, Walter
— *Legitimation des Berufsbeamtentums aus der Aufgabenerfüllung,* Bona, 1988.

LEITE, Jorge
— *Direito do trabalho e da segurança social,* Coimbra, 1982 (com actualizações), ed. policopiada.

LINDGEN, Erich
— *Handbuch des Disziplinarrechts für Beamte und Richter in Bund und Ländern,* I, Berlim, 1966, II, Berlim, 1968, e *Ergänzungsband,* Berlim. 1969.

LOBO XAVIER, Bernardo da Gama

— *Curso de direito do trabalho,* Lisboa/São Paulo, 1992.
— *Deficiência da nota de culpa e direito de defesa em processo disciplinar laboral/Anotação ao Ac. do STJ, de 14 de Novembro de 1986,* RDES, ano XXIX, (II da 2.ª Série), n.º 3, Julho-Setembro de 1987, 363 e ss., esp. 377 e ss..
— *Direito da greve,* Lisboa/São Paulo, 1984.
— *Prescrição de infracção disciplinar (art. 27.º, n.º 3 da LCT)/Anotação,* RDES, ano XXXII, (V da 2.ª Série), n.ᵒˢ 1-2-3-4, Janeiro-Dezembro de 1990, 225 e ss., esp. 235 e ss..

LOPEZ GONZALEZ, Jose Ignacio

— *El principio general de proporcionalidad en derecho administrativo,* Sevilha, 1988.

LOSCHELDER, Wolfgang

— *Vom besonderen Gewaltverhältnis zur öffentlich-rechtlichen Sonderbindung,* Colónia/Berlim/Bona/Munique, 1982.

MACEDO, Pedro de Sousa

— *Poder disciplinar patronal,* Coimbra, 1990.

MACHADO, Miguel Nuno Pedrosa

— *O princípio in dubio pro reo e o novo Código de Processo Penal,* Lisboa, 1989.

MACHETE, Rui Chancerelle de

— *Relações jurídicas dependentes e execução de sentença (A propósito de dois acórdãos do Supremo Tribunal Administrativo),* ROA, ano 50, Julho de 1990, 395 e ss..

MARQUES DA SILVA, Germano

— *Do processo penal preliminar,* Lisboa, 1990.

MARTÍNEZ, Pedro Soares

— *Manual de direito fiscal,* 4.ª reimpressão, Coimbra, 1990.

MAURER, Hartmut

— *Allgemeines Verwaltungsrecht,* 6.ª ed., Munique, 1988.

MAYER, Franz

— *Das Opportunitätsprinzip in der Verwaltung,* Berlim, 1963.

Do Procedimento Admin. Disciplinar: As Relações com o Proc. Penal 133

– *Verfassungsrechtliche Grenzen einer Reform des öffentlichen Dienstrechts (Rechtsgutachten), in Verfassungsrechtlichen Grenzen einer Reform des öffentlichen Dienstrechts/Studienkommission für die Reform des öffentlichen Dienstrechts,* tomo 5, Baden-Baden, 1973, 557 e ss..

MAYER, Otto
– *Derecho administrativo alemán,* trad. espanhola, IV, 2.ª ed., Buenos Aires, 1982.

MENEZES CORDEIRO, António
– *Da boa fé no direito civil,* I, Coimbra, 1984.
– *Manual de direito do trabalho,* Coimbra, 1991.

MENEZES CORDEIRO/CASTRO FRAGA, Francisco
– *Novo Regime do arrendamento urbano. Anotado* (com a colaboração de Ana Sousa Botelho e Maria Esperança Espadinha), Coimbra, 1990.

MIRANDA, Jorge
– *Manual de direito constitucional,* IV, Coimbra, 1988.

MONTEIRO FERNANDES, António de Lemos
– *Direito do trabalho,* I, 7.ª ed., Coimbra, 1991.

MOTA PINTO, Carlos Alberto da
– *Teoria geral do direito civil,* 3.ª ed., Coimbra, 1985.

NIETO, Alejandro
– *La organización del desgobierno,* 4.ª ed., Barcelona, 1988.
– *Problemas capitales del derecho disciplinario,* RAP, n.º 63, Setembro--Dezembro de 1970, 39 e ss..

NUNES DE ALMEIDA, Vítor
– v. CARVALHO, Messias.

OTERO, Paulo
– *Conceito e fundamento da hierarquia administrativa,* Coimbra, 1992.
– *Procedimento disciplinar: início do prazo de prescrição e competência disciplinar sobre os funcionários da Administração indirecta/Anotação ao Ac. do STA (1.ª Secção) de 6 de Julho de 1989,* O Direito, ano 123.º, 1991, I, 163 e ss., esp. 180 e ss..

134   Luís Vasconcelos Abreu

PALMA, Maria Fernanda
- *A ciência do direito penal na Alemanha e em Portugal. Um encontro na universalidade, in O direito no contexto das relações luso-alemãs,* ed. policopiada da Associação luso-alemã para a ciência e cultura, que reúne a quase totalidade das comunicações apresentadas no Colóquio sobre o tema que teve lugar em 16 de Dezembro de 1991 na Faculdade de Direito de Lisboa, 29 e ss..
- *A justificação por legítima defesa como problema de delimitação de direitos,* I e II, Lisboa, 1990.

PEREIRA COUTINHO, José Luís
- *A relação de emprego público na Constituição: algumas notas, in Estudos sobre a Constituição (coordenação de Jorge Miranda),* III, Lisboa, 1979, 689 e ss..

PESSOA JORGE, Fernando
- *Direito das obrigações,* I, Lisboa, 1975/76.

PIEROTH, Bodo/SCHLINK, Bernhard
- *Grundrechte. Staatsrecht II,* 5.ª ed., Heidelberg, 1989.

PINHEIRO FARINHA, João de Deus
- *O processo equitativo garantido na CEDH,* O Direito, ano 122.º, II (Abril-Junho), 1990, 239 e ss..

PINTO MONTEIRO, António
- *Cláusula penal e indemnização,* Coimbra, 1990.

PIROMALLO, Francesco Jannitti
- *Disciplina nella pubblica amministrazione, in Novissimo Digesto Italiano,* V, 1067 e ss..

PLANTEY, Alain
- *Traité pratique de la fonction publique,* I, 3.ª ed., Paris, 1971.

POTENZA, Giuseppe
- v. LANDI, Guido.

PÜTTNER, Günter
- *Vertrauensschutz im Verwaltungsrecht,* VVDStRL, caderno 32, Berlin/ /Nova Iorque, 1974, 200 e ss..

RAMALHO, Maria do Rosário Palma
 — *Do fundamento do poder disciplinar laboral,* I, Lisboa, 1990, dissertação policopiada.

RAMOS MÉNDEZ, Francisco
 — *El processo penal. Lectura constitucional,* Barcelona, 1988.

REBELO DE SOUSA, Marcelo/GALVÃO, Sofia
 — *Introdução ao estudo do direito,* Lisboa, 1991.

RIBEIRO, João Soares
 — *O Estatuto disciplinar da função pública,* Porto, 1988.

RIBEIRO, Vinício
 — *Estatuto disciplinar dos funcionários públicos. Comentado (Direito substantivo),* Coimbra, 1990.

RODRIGUES, Anabela Miranda
 — *A posição jurídica do recluso na execução da pena privativa de liberdade (Seu fundamento e âmbito),* Coimbra, 1982.
 — v. CORREIA, Eduardo.

ROTH, Klaus
 — *Die Beamten im Staate Hitlers, in Zum öffentlichen Dienst-und Disziplinarrecht...,* cit., 25 e ss..

ROXIN, Claus
 — *Sinn und Grenzen staatlicher Strafe, in Strafrechtliche Grundlagenprobleme,* Berlim/Nova Iorque, 1973, 1 e ss.; na tradução portuguesa, *Sentido e limites da pena estatal, in Problemas fundamentais de direito penal,* Lisboa, 1986, 15 e ss..
 — *Strafrecht,* I, Munique, 1992.
 — *Strafverfahrensrecht,* 21.ª ed., Munique, 1989.

RÜTHERS, Bernd
 — *Die unbegrenzte Auslegung (Zum Wandel der Privatrechtsordung im Nationalsozialismus),* 4.ª ed., Heidelberg, 1991.

SÁ GOMES, Nuno
 — *Direito penal fiscal* (Cadernos de Ciência e Técnica Fiscal, n.º 128), Lisboa, 1983.

— Notas sobre o problema da legitimidade e natureza da tributação das actividades ilícitas e dos impostos proibitivos, sancionatários e confiscatórios, in Estudos/Comemoração do XX aniversário do Centro de Estudos Fiscais, II, Lisboa, 1983, 711 e ss..

SANTIAGO, Rodrigo
— Do crime de violação de segredo profissional no Código penal de 1982, Coimbra, 1992.

SANZ GANDASEGUI, Francisco
— La potestad sancionatoria de la Administración: la Constitucion Española y el Tribunal Constitucional, Madrid, 1985.

SCHAFFSTEIN, Friedrich
— Die strafrechtlichen Notrechte des Staates, in Gedächtnisschrift für Horst Schröder, Munique, 1978, 97 e ss..

SCHLINK, Bernhard
— v. PIEROTH, Bodo.

SCHMIDT, Detlef
— Die Unterscheidung von privatem und öffentlichen Recht, Baden--Baden, 1985.

SCHMIDT, Walter
— Einführung in die Probleme des Verwaltungsrechts, Munique, 1982.

SCHMITZ, Roland
— Verwaltungshandeln und Strafrecht, Heidelberg, 1992.

SCHOLLER, Heinrich
— Die Interpretation des Gleichheitssatzes als Willkürverbot oder als Gebot der Chancengleicheit, Berlim, 1969.

SCHOLZ, Rupert
— Öffentlicher Dienst zwischen öffentlicher Amtsverfassung und privater Arbeitsverfassung? Verwaltungsstrukturelle Grenzen der Dienstrechtsreform, in Das Berufsbeamtentum..., cit., 179 e ss..

SCOTTI, Luigi
— La responsabilità civile dei magistrati, Milão, 1989.

SEEBODE, Manfred
— *Polizeiliche Notwehr und Einheit der Rechtsordnung, in Festschrift für Ulrich Klug zum 70. Geburtstag*, II, Colónia, 1983, 359 e ss..

SÉRVULO CORREIA, José Manuel
— *Legalidade e autonomia contratual nos contratos administrativos*, Coimbra, 1987.
— *Noções de direito administrativo*, Lisboa, 1982.
— *O prazo de alegação no recurso fundado em oposição de acórdãos no Supremo Tribunal Administrativo (Um caso paradigmático do problema da aplicação da lei de processo civil no contencioso administrativo)*, ROA, ano 50, Julho de 1990, 363 e ss..

SIMAS SANTOS, Manuel
— v. LEAL-HENRIQUES, Manuel.

SIMÕES DE OLIVEIRA, J.M.
— *Revisão de processo disciplinar – poder discricionário?*, DA, ano 1, n.º 2, Março/Abril de 1980, 95 e ss..

SOUSA, Nuno de
— *A função pública portuguesa. O conceito e as tarefas*, Coimbra, 1990, dissertação policopiada.

SOUSA E BRITO, José de
— *A medida da pena no novo Código Penal, in Estudos em homenagem ao Prof. Doutor Eduardo Correia/Número especial do BFDUC*, III, cit., 555 e ss..

SOUSA FRANCO, António de
— *Direito financeiro*, DJAP, IV, cit., 56 e ss..
— *Direito fiscal*, DJAP, IV, cit., 61 e ss..

STERN, Klaus
— *Verwaltungsprozessuale Probleme in der öffentlich-rechtlichen Arbeit*, 6.ª ed., Munique, 1987.

STOBER, Rolf
— v. WOLFF, Hans.

138 Luís Vasconcelos Abreu

STOCK, Ulrich
— *Entwicklung und Wesen der Amtsverbrechen,* reprodução fotomecânica da edição original de 1932, Leipzig, 1970.

TAIPA DE CARVALHO, Américo A.
— *Condicionalidade sócio-cultural do direito penal (Análise histórica. Sentido e limites),* Coimbra, 1985.

TORRES, Mário
— *Suspensão e demissão de funcionários ou agentes como efeito de pronúncia ou condenação criminais (1.ª parte) e (2.ª parte),* RMP, ano 7.º, respectivamente, vol. 25, 111 e ss., esp. 119 e ss., e vol. 26, 161 e ss..

ULE, Carl Hermann/LAUBINGER, Hans-Werner
— *Verwaltungsverfahrensrecht,* 3.ª ed., reimpressão, Colónia/Berlim/ Bona/Munique, 1992.

VIEIRA DE ANDRADE, José Carlos
— *O dever de fundamentação expressa de actos administrativos,* Coimbra, 1991.

VINEY, Geneviève
— *La responsabilité, in Archives de philosophie du droit, tomo 35 (vocabulaire fondamental du droit),* Paris, 1990, 75 e ss..

VIRGA, Pietro
— *Diritto amministrativo,* I, 2.ª ed. Milão, 1989.
— *Il pubblico impiego,* I, 2.ª edição, Milão, 1973.

WAGNER, Gerhard
— *Öffentlich-rechtliche Genehmigung und zivilrechtliche Rechtswidrigkeit,* Colónia/Berlim/Bona/Munique, 1989.

WAHL, RAINER
— *Constitutionalism, in Reports on German Public law/XIIIth International Congress of Comparative Law, Montréal, 1990 (ed. Bernhard/Beyerlin),* Heidelberg, 1990, 85 e ss..

WEISS, Hans-Dietrich
— *Das Dienstvergehen der Beamten (Kritik und Neuvorschläge),* Berlim, 1971.

WENZEL, Alfons
— *Der Tatbestand des Dienstvergehens,* 2.ª ed., Herford, 1977.

WIESE, Walter
— *Der Verfassungssatz ne bis in idem — Art. 103 Abs. 3 GG — und das Verhältnis von Kriminalrecht und Dienststrafrecht (2.ª parte),* VerwArch, tomo 56, caderno 4, 354 e ss..

WOLFF, Hans / BACHOF, Otto / STOBER, Rolf
— *Verwaltungsrecht,* II, 5.ª ed., Munique, 1987.

WURTH, Karl
— *Die Tatfolgen im Disziplinarrecht, in Zum öffentlichen Dienst-und Disziplinarrecht...,* cit., 157 e ss..

ZIPPPELIUS, Reinhold
— *Grundbegriffe der Rechts-und Staatssoziologie,* 2.ª ed., Munique, 1991.
— *Die Rolle der Bürokratie im pluralistischen Staat, in Das Berufsbeamtentum...,* cit., 217 e ss..

ÍNDICE

NOTA PRÉVIA 7

LISTA DE ABREVIATURAS 11

APRESENTAÇÃO E PLANO DO TRABALHO 13

1.ª PARTE

DIREITO DISCIPLINAR:
OS CRITÉRIOS DA AUTONOMIA

CAPÍTULO I

TRAÇOS GERAIS DA RESPONSABILIDADE DISCIPLINAR

1. A INFRACÇÃO DISCIPLINAR 25
2. O ILÍCITO DISCIPLINAR E A UNIDADE DO ORDENA-
MENTO JURÍDICO 32
3. AS MEDIDAS DISCIPLINARES 40

CAPÍTULO II

PRINCÍPIOS FUNDAMENTAIS DO DIREITO DISCIPLINAR
MATERIAL E PROCESSUAL

1. O PRINCÍPIO DA NÃO TIPICIDADE. REMISSÃO 45
2. O PRINCÍPIO DA UNIDADE DA INFRACÇÃO 45
   2.1 **Limite: a prescrição** 49

3. O PRINCÍPIO DA OPORTUNIDADE	51
3.1 **Limites**	56
3.1.1 *A prescrição. Remissão*	56
3.1.2 *O princípio da legalidade no exercício do poder disciplinar*	56
3.1.3 *Os princípios constitucionais sobre o esxercício do poder administrativo. Em especial, os princípios da proporcionalidade e da igualdade. Outros limites*	58
3.2 **O controlo jurisdicional**	64

CAPÍTULO III

CONCLUSÕES DA 1.ª PARTE 71

2.ª PARTE

AS RELAÇÕES ENTRE O PROCEDIMENTO DISCIPLINAR E O PROCESSO PENAL NO DIREITO PORTUGUÊS VIGENTE

CAPÍTULO I

O PROBLEMA EM GERAL: O PROCESSO PENAL COMO DIREITO SUPLETIVO

1. OS ARTS. 9.º E 35.º, N.º 4 DO ED E O ART. 2.º, N.os 4 e 6 DO CPA	79
2. A DOUTRINA	80
3. A JURISPRUDÊNCIA DO STA	82
4. POSIÇÃO ADOPTADA	83

CAPÍTULO II

O PROBLEMA
QUANDO O PROCEDIMENTO DISCIPLINAR
E O PROCESSO PENAL
VERSAM SOBRE O MESMO FACTO

1. ENQUADRAMENTO GERAL. A AUSÊNCIA DE EFEITO SUSPENSIVO. A RELEVÂNCIA DO PRAZO DE PRES-CRIÇÃO DA LEI PENAL 87
2. OS EFEITOS PROVISÓRIOS 90
   2.1 **O art. 6.º do ED e o art. 199.º do CPP** 90
   2.2 **A doutrina** 91
   2.3 **A jurisprudência do TC** 92
   2.4 **Posição adoptada** 93
3. OS EFEITOS DISCIPLINARES DA SENTENÇA PENAL 95
   3.1 **O art. 30.º, n.º 4 da CRP, os arts. 66.º, 67.º e 68.º do CP, o art. 499.º, n.ᵒˢ 1 e 5 do CPP e o art. 7.º do ED** 95
   3.2 **A doutrina** 96
   3.3 **A jurisprudência do TC** 100
   3.4 **A jurisprudência do STA** 101
   3.5 **A posição da PGR** 102
   3.6 **Posição adoptada** 103
      3.6.1 *Factos provados e respectiva autoria* 103
      3.6.2 *A relevância disciplinar das causas de exclusão da ilicitude criminal* 105
      3.6.3. *A possibilidade de ulterior procedimento disciplinar. O princípio da proporcionalidade* 110

CAPÍTULO III

CONCLUSÕES 113

ÍNDICE DE JURISPRUDÊNCIA DO STA 119

ÍNDICE BIBLIOGRÁFICO 123

Execução Gráfica
G. C. – Gráfica de Coimbra
Tiragem, 2100 ex. – Dezembro, 1993

Depósito Legal nº 72210/93